言いたいことが100%伝わる!

英文法の極意

認知言語学に基づく英文理解と説得のための英語

GO*KU*I

時吉秀弥

Hideya Tokiyoshi

ask

「説得のための英語」とそれを作る英文法

　「コミュニケーションのための英語」が英語教育の世界で叫ばれて、長い年月が経ちます。明治維新以降の、西洋の知識を日本へ輸入するための「書物を読むための英語」から、世界を舞台にして「意思の疎通ができる英語」への転換です。

　英語を勉強する人たちは、当然ですが「英語を話せるようになりたい」と思っています。しかし「英語で何を話したいのですか？」と尋ねると、途端にその答えは曖昧になり始めます。「とにかく話せるようになりたい」と。しかし、「何を話せば『英語を話せる』ことになるのか」の定義がなければ、「そのために何をするべきか」という計画はたてられません。するといつまで経っても自分の望む成果は得られません。あなたの望む目標は、迷子になった外国人観光客に英語で道を教えたり、居酒屋で居合わせた外国人客と英語で雑談をするというようなレベルではないはずです。

　本書では発信するための英語を「説得のための英語」と定義しています。説得と聞くと「人を議論でやり込める」ことだと思われる方もいるのですが、そうではなく、自分の意見に理由を添えて、相手にきちんと納得してもらえるように、組み立てを考えて話す、というものです。一見何でもないことのように思えますが、このあと第1項に詳述するように、日本語の会話は「理由に触れない」という癖があるので、すぐに理由を思いつくというのは意外と難しいものです。また、自分の意見を因果関係を使って掘り下げる、というのも日常ではなかなかやらないことです。説得の英語では、訓練を通して機械的にこういうことができるようにしていきます。こうした話の組み立て方ができるようになると、そのために必要な英語表現というのも自然と限定されてきます。したがって、何でもかんでも無限に英語表現を覚えるというループからは解放され、限られた表現でかなりのことが言えるよう

になるのです。また、パターンが定着すると、「どう話すか」は自動的に組み立てられるようになり、「何を話すか」に脳のリソースをとっておくことができるようになります。当然ですが、これを日本語でやれば、ビジネスなどの公の場でかなりの説得力を持って自分の意見を展開することができます。

　さらに本書ではこの「説得力」を英語で実現させるための英文法を、認知言語学の知見を土台にして徹底的に解説しています。認知言語学とは、人が世界をどう感じているか、出来事に対してどんな感情を持っているか、相手との距離をどう感じているか、そんなことが言語とそのルール（文法）を作っている、と考える言語学です。認知言語学のレンズを通すことで、日本語話者にはわかりにくい英語の a や the、名詞の可算不可算、一見役に立たないように思えてしまう 5 文型が、英語話者の心を映す鏡として読者の皆様の前に立ち表れてきます。8 万部の発行部数を記録した拙著『英文法の鬼 100 則』（明日香出版社）では伝えきれなかった、さらに一歩踏み込んだ内容を、本書でお届けいたします。

　英語を書き、話すためには、単語を知っているだけではなく、その繋ぎ方が判らないといけません。英文を作るための骨子は、「動詞という木の幹から構文が枝を伸ばし、その先に名詞という木の実がついている」という視点です。ですから、動詞を知っているだけではダメで、その動詞がどういう文型・構文をとるか、といった「木の形」を知らないといけませんし、その木の枝についている木の実である名詞も、冠詞や可算不可算などの形を通して「どういったぶら下がり方をするのか」を表せなければなりません。ルールだけでは捉えきれないこの機微がわかると、とても楽しいだけでなく、かなり自信を持って英文を作れるようになります。そして「説得の英語に向いている英文法」も解説します。ぜひ本書を通してこの世界を堪能していただければと思います。

時吉秀弥

目次

本書の使い方

本書は5つの章に分けられており40項（ユニット）で構成されています。
各章の終わりに問題演習が付いていますので、
理解を深めるために挑戦してみましょう。

登場人物紹介

英文法を分かりやすく教えることを
喜びにしている

講師 時吉秀弥 (ときよし・ひでや) 先生

認知言語学をベースにして英文法を解説し、英語学習者から
多くの支持を集める。日本人が「人を説得できる」英語を話すための
方法論を開発する日々を送る。使うための英文法の習得を説く。

英文法を深く知って自分の英語に
自信を持ちたいと思っている

生徒 相羽晴美 (あいば・はるみ)

学校英語の英文法についてはひと通り学習し知っているが、
自分の英語に英文法をどう使ってよいのかわからない。
また、英語の発想が大切だと思いながらも、
英語を使うとき日本語から英語に直訳してしまうことが多い。

英語で人を説得する

　英文法を本格的に捉えていく前に、まず自分は英語で何を書き・話したらよいのかについて考えます。この本では、「人を説得する英語」を身に付けることを目的にしているので、そのために必要なエッセイライティングの型を学びましょう。

　本来エッセイライティングとは、特定のテーマやトピックに絞って英文を書くことですが、自分の意見を論理的に伝えることは書くだけではなく話すことにも関わってきます。イントロダクション（導入）、ボディパラグラフ（本論）、そしてコンクルージョン（結論）の 3 つのパートから構成されるエッセイライティングの型を通して文章を自動的に組み立てられるようになりましょう。

　本章では、この 3 つのパートのうちメインとなる、「意見＋ 理由」を核にしたイントロダクション（導入）、さらに 4 つの質問で理由を深めて展開するボディパラグラフ（本論）を中心にとりあげています。

そもそも英語で
何を発信すればよいのか

なぜ英語で人を説得するのか

そもそも何を話せばいい？

この本で講師を務める時吉秀弥と申します。よろしくお願いいたします。

よろしくお願いします。早速なのですが、私、仕事で英語が使えるようになりたくて、いろいろ勉強してきたのですが、いまひとつしっくりこないんです。

どういうところがしっくりとこないのですか？

まず、文法はあくまでルールとして覚えているので、自分の気持ちと英語がシンクロしないんです。日本語なら感情に合わせて言い回しも微妙に変わるじゃないですか。そういう、言葉と感情のシンクロが英語にはなくて、本当にこれでいいのかな、っていう感じで……。

なるほど。それはよくあることですよね。この本では、**認知言語学という人間の「世界の捉え方」をもとに文法を分析する学問**をベースに解説していますので、感情と言葉のシンクロがしやすくなると思いますよ。

でも、もっと根本的な問題があるんです……。

何ですか？

そもそも英語以前に、何を話せばいいかわからないんです。ビジネス英会話の本とかを見れば、実際に使えそうなよいフレーズがたくさんあるのですが、その、もっと根本的な、話の組み立て方というか、そういうのがわからないのです。どちらかというと、日本語でもあまり得意ではなくて……。

😀 大丈夫ですよ。そもそも何を話すのかが決まっていなければ、それをどう言葉にすればよいのかなんてわかるわけがありません。何を話すかが決まらないから、「何でも話せるように」なっておこうとして、無限にたくさんの「便利なフレーズ」を覚えなきゃ、となることがよくあります。話すことを決めるのは大切です。**話すことが決まっているということは、逆に言えば何でもかんでも話さなくてもよい、ということでもあります。**

🙂 ではその、「本当に話すべきこと」って何でしょうか？

😀 **大学ではプレゼンテーションと論文に使う英語、ビジネスでは交渉・プレゼンテーション・レポートに使う英語**が必要だと言われています。ここで質問なのですが、これらに共通することって何でしょう？

🙂 人に自分の意見や考えを聞いてもらうことですか？

😀 その通りです。**要するに「説得する」こと**です。

🙂 それって、議論で相手を打ち負かすということですか？

😀 そうではありません。勝負の話ではなく、**相手にストレスを感じさせずに、スムーズにこちらの意見を理解してもらい、理由を聞いて納得してもらう**、ということです。こちらの意見の論理立てが不十分だと、相手は「何が言いたいんだ？」とストレスを感じてしまい、話を聞きたくなくなります。

🙂 なるほど、そういう意味での「説得」ですね。そのためにはどういう話し方をすればよいのですか？

「意見＋理由」を核に話を組み立てる

😀 究極的に煮詰めれば**「意見＋理由」**が言えればいいです。英語の資格試験でのライティングやスピーキング、大学受験での自由英作文などを思い出してみてください。問われていることは全て、「これについて賛成か、反対か。理由を添えて自分の意見を述べよ。」ということでした。すべて、

「意見＋理由」が求められているわけです。

😐 でも、話の組み立て方ってありますよね？

😃 もちろんです。それこそが、資格試験で求められるライティング、つまり「意見＋理由」を核にして、効率的に話を組み立てていく**「エッセイライティング」**と呼ばれる形式です。エッセイライティングの型をベースにライティングもスピーキングも話を組み立てていくことをお勧めします。

😐 でも、エッセイライティングはあくまでライティングですよね？ スピーキングとは無関係なのでは？

😃 エッセイライティングで使う言葉は論文とは違い、少しフォーマルな話し言葉程度のものです。ビジネスシーンに向いている話し方です。そして、エッセイ全部を使って人と話せ、というわけではありません。**エッセイの型**さえ覚えてしまえば、そしてその型が口をついて出るほどに体に染み込めば、あとはシーンに応じて必要な部分の型を取り出して使えばいいのです。

😐 つまり、それが、「何でもかんでも話せるようになる必要はない」ということですか？

😃 その通りです。**説得する英語に必要なことは、大体がエッセイライティングの型の中に入っているのです。**それは単に「便利なフレーズ」だけではなく、話を組み立てるための「思考方法」も含まれています。

😐 なるほど、少しほっとしました。

日本語話者は「理由」を述べるのが苦手

😃 さてここで、日本語を話す我々にとって困ったことが1つあります。「説得の英語」の核は「意見＋理由」なのですが、日本語話者は、理由を述べるのが苦手です。ちょっと日本語と英語の会話を比較してみましょう。

日本語の会話例

「食べ物は何が好き？」

「私は、焼肉が好き。」

「わー、焼肉、いいよね〜。」

英語の会話例

"What is your favorite food?"

"I like steak."

"Oh, do you? Why do you like steak?"

"Eating meat makes me strong."

ご覧のように、**日本語というのは、共感を優先する傾向が強い言語です。**一方で、**英語は理由を重視する傾向があります。**

そう言えば、英語話者と話すとやたら why を聞いてくるなぁ。

日本語の会話は英語と違い、理由に立ち入らないことをよしとするので、日本語話者は理由を考えるのに慣れていないのです。「説得する英語」のためには、理由を思いつく訓練が必要です。

訓練のしかたがあるのですか？

私のところでよくやっているのが、**Comparison Game（比較ゲーム）**と呼ばれるものです。

Comparison Game の行い方

❶ ice cream vs. cake（アイスクリーム 対 ケーキ）、summer vs. winter（夏 対 冬）、studying abroad vs. studying in your own country（留学する 対 国内で勉強する）など、複数のトピックを用意しておく。

❷ 相手がいればペアを組み（いなければ1人でも大丈夫です）、じゃんけんをして勝った方が好きなトピックを選び、また、そのトピックの好きな側（例：ice cream vs. cakeならice creamか、cakeか）を選ぶ。

❸ "A is better because 〜 ." というフォーマットで、おたがいが交互に、理由を2分間言い続ける。コツは、理由を考えるというよりは連想ゲームだと考え、できるだけ単純な理由を思い浮かべること。例えばアイスクリームなら、連想する「冷たい、安い、胃にもたれない、バニラが好き」など。相手と理由が被っても全くかまわない。とにかくたくさん思い浮かべることが大事。

例

A: Ice cream is better because it's cold.

B: Cake is better because it's sweet.

A: Ice cream is better because it's cheaper.

B: Cake is better because it's expensive.

😀 …これを2分間続ける。

🙂 2分間というのは結構大変そうですね。

😀 大変です。**「理由」はできるだけ短いものにしてください。**最初から長く複雑なものになると、人は聞いてくれません。足りないくらいの情報のほうが、相手は「それってどういうこと？」と興味を持ってくれて、そのあとの話が広がりやすくなります。次項で解説するエッセイライティングのイントロダクションには、自分の意見に加えて、それを支える3つの理由が必要になります。その時にこの訓練が役に立つことになります。

エッセイの型を会話に使う その1

まずはイントロ、相手が興味を持てばボディ

エッセイライティングは**イントロダクション（導入）**、**ボディパラグラフ（本論）**、そして**コンクルージョン（結論）**の3つのパートから成り立っています。このうち、特に大事なのがイントロダクション（以下イントロ）と、ボディパラグラフ（以下ボディ）です。エッセイの型の、スピーキングでの使い方のポイントは以下の通りです。

1 相手に意見を求められたら、イントロの型を使い意見の全体図を示す。

2 相手がその意見に興味を持てば、より深いところはボディの型で詳述する。

イントロでは自分の意見と、それを支える3つの理由を示します。前項でやった、Comparison Game の要領で瞬間的に理由を思い浮かべましょう。イントロの型を以下に示します。①②③の3つのパートで構成されます。**状況に応じて①②③フルセットで使う場合と、③だけを使う場合があります。**

トピック例	オフィス勤務（working at the office）と在宅勤務（working from home）、どちらがよいか

トピックを抽象化した文言を入れる

①These days, more and more people are discussing how they should work . ②Some people think working from home is better, while others think working at the office is better. ③Considering

トピックをそのまま入れる

that <u>companies can hire more skilled workers, workers can work</u>

<u>at their convenience, and companies save on workers' travel</u>

<u>expenses,</u> working from home is better than working at the office.

理由は3つ、というのがスタンダード　　　　トピックをそのまま入れる

「①近頃、働き方 についてますます多くの人が議論をかわしている。② 在宅勤務 が
よいと考える人もいれば、オフィス勤務 の方がよいと考える人もいる。③企業はよりよ
い人材を雇用できる、働き手は自分の都合に合わせて働ける、そして企業は社員の交通
費を払わなくて済む、ということを考えると、在宅勤務 の方が、オフィス勤務 よりもよ
い。」

▶ ①②③フルセットで使う場合
　ライティングなら、ブログやコラム記事などある程度の前提が必要な場合。
　スピーキングなら、プレゼンなど、相手とのやりとりがない一人語りの場合。

▶ ①②は飛ばして③から入る場合
　ライティングのテストなど、問いが明確に提示されている場合（例:Which
　do you think is better, working at the office or working from home?）。
　スピーキングなら、相手からの質問に対して答える場合。

①②③のそれぞれのポイント

①まずは「世間では今こんなことが話題だ」、という「広い入り口」を提供
　する。いきなり結論（狭い入り口）から入るより、一般的な話題（広い
　入り口）の方が、聞き手・読み手は入っていきやすい。

②話題を一段階絞る。話題の中の何が焦点なのかをA vs. Bという形で示す。

③最後に自分の意見と、それを支える3つの理由を示す。

わりと短いんですね。

そうです。簡潔明瞭が大事です。最初から話が長いと人は聞いてくれません。エッセイを書くにあたって、どんなトピックでもイントロでこの型を使ってください。**英語が口をついて出るようにするには、毎回同じ型を設定しておくことが重要です。**

確かに。業務で毎回同じことを言っていると、意識しないでも口からそのセリフが出てくるのと同じか。

そうです。自分で考えるのは③の「3つの理由」くらいです。あとの部分はほとんどが、基本的にトピックをそのまま差し込めばいいだけです。そして、相手から質問を提示された形で始めるライティングのテスト、あるいは会話の中ではいきなり③から始めるのが効率的ですが、聞き手や読み手にこちらから話題を提示する必要があるプレゼンテーション、およびコラム記事の執筆などの場合は、①と②があった方がいいです。聞き手が話に入っていきやすいように、①一般的な話題（最近は〜ですよね）から、②トピックの焦点を絞る（Aがいいという人もいれば、Bがいいという人もいる）、③自分の意見と理由、というふうに、「広い話題から狭い話題へ」と聞き手がついていきやすいように導く工夫がなされています。

③で自分の考えの全体図を見せているわけですね。

そうです。先に簡潔な全体図を見せておいた方が、その後の詳しい話が理解しやすくなります。会話のやりとりとして考えた時、③で相手が納得してくれたらそれでいいですし、相手が興味や疑問を持って自分の意見をより深く知りたい、ということになったら、この3つの理由を、それぞれ3つのボディパラグラフにして詳述すればいいのです。

なるほど。

このように、型があるとずいぶん楽だということがわかっていただけたと思います。実践の場で大事なのは、「**how は普段の訓練で自動化し、本番では what に集中する**」です。話の組み立て方（how）は「型」にしてしまって、何も考えなくても口から出てくるよう暗唱しましょう。**本番では「自分はどちらの意見なのか、そしてその理由は何なのか」（what）を考えることに集中する**のです。
how と what を両方一度にやろうとすると、まず間違いなく失敗します。

how　what

そんなに単純な理由でいいのか？

少し自信が出てきました。ところでイントロに必要な理由を思いつく訓練として前項で行った Comparison Game ですが、Ice cream is better because it's cold. というような、大人の議論に耐えられないような、くだらない単純な理由を思いついて、本当に役に立つのですか？

瞬間的に思いついた「単純でくだらない理由」を**「まともな意見」**に組み上げる方法は、実はちゃんとあります。これはボディパラグラフの中身を構築するのに大事な訓練です。そのためのゲームを紹介しましょう。

お願いします。

薄っぺらな意見というのは、突っ込まれると返答に窮するものですよね。逆に言えば突っ込まれても返答できるならば「薄っぺら」ではないわけです。ここでは自分の思いついた「理由」にどんどんツッコミ、つまり問いを発し、それに答えることで意見を深めていきます。意見全体を一度に作り上げるのが難しい場合でも、わらしべ長者のように、1つ1つ質問に答えていくたびに新たな展開を発見していけば、意外と自分の思ってもみなかった意見を作り上げることだってできるものなのです。以下に説明する**Why Game**と私が呼ぶゲームでは、ランダムな4つの問いに答えていくことで意見を組み立てる練習をします。

その「問い」というのはどんなものですか？

基本は「なぜ？」です。しかし、それだけではすぐに行き詰まってしまうことが多いので、「なぜ？」を含む以下の4つの質問をランダムに使いましょう。

> なぜ？（Why?）
> 例えば？（For example?）
> それってつまりどういうこと？（What does it mean?）
> そうするとどうなる？（Then, what will happen?）

これらの質問を使えば、例えばですよ、「冬より夏の方がいいです、なぜなら夏休みがあるからです。」みたいなくだらない理由でも、まともな意見に深まるのですか？

はい、もちろんです。それを次項で実際にやってみましょう。

エッセイの型を会話に使う
その2

4つの質問で意見を深める

Why Game

本項ではさっそく Why Game を実践してみましょう。英語でやっても
いいですが、最初は難しいので、日本語で行うことをお勧めします。

① 相手があればペアを組み、質問をする側とされる側に分かれる。1人
　の場合は自分で問いを発し、自分でそれに答える。

② Comparison Game で作った「意見＋理由」を述べる。

例 夏の方が冬よりもいいです。なぜなら夏休みがあるからです。

③ 4つの質問（1なぜ? Why? 、2例えば? For example?、3それって
　つまりどういうこと? What does it mean?、4そうするとどうなる?
　Then, what will happen ? ）をランダムに使い、問いを発し、それに
　答える。問いの基本は「なぜ?」だが、それ以外の質問でもいい。

例
A:「なぜ夏休みがあるといいのですか?」（なぜ）
B:「夏休みには多くの人が旅行へ出かけます。」
A:「旅行へ出かける人が多くなるとどうなりますか?」（そうするとどう
　なる）
B:「多くの人が外でお金を使います。」
A:「どういうところでお金を使いますか?」（例えば）
B:「ホテルや、交通機関、あるいはレストランなどです。」
A:「そうするとどうなりますか?」（そうするとどうなる）

B:「日本各地の経済が活性化します。」（←ここで終わってしまわずに、もうひとツッコミする。）

A:「それがなぜよいのですか。」（なぜ）

B:「各企業や商店が儲かるだけでなく、得た利益の一部は税金となり、国民により幅広く還元されるからです。」

④ 話が尽きたら、これまでの話をつなげて1つの段落にまとめる。このとき、もう一度「意見」を言って話を締めくくる。

A:「では1つの段落にまとめてください。」

B:「**冬よりも夏の方がいいです。**なぜなら夏休みがあるからです。夏休みには多くの人が旅行に出かけ、ホテルや、交通機関、レストランなどでお金を使います。これは日本の経済活性化につながります。経済が活性化すると各企業や商店が儲かるだけでなく、利益の一部が税金となり、国民に幅広く還元されます。**したがって、冬よりも夏の方がいいです。**」

おお、「夏の方がいいです、なぜなら夏休みがあるからです。」なんて、一見馬鹿らしく聞こえるような理由から、それらしくまとまった意見ができあがりましたね。

2人でこのゲームを行う場合、**どちらかというと質問する側のスキルが大事**です。

うまく話を展開させる舵取り役になるからですね？

その通りです。相手の話のわかりにくいところを見つけて、それをわかりやすく広げるための的確な質問を考える必要があるのです。逆にそれができれば、自分一人でも適切な自問自答を通して自分の意見を発展させていくことができるようになります。さて、**第1の注意点は話の締め括りかた**です。

最初も最後も「冬よりも夏の方がいいです」となっていますね。なぜですか？

一貫性のある話というのは、最初と最後が同じことを言っていることが重要です。

確かに。違うことを言っていたら、話がちぐはぐになってしまいますね。

一番簡単にこれを実現させるには、最初と最後に同じことを言えばいいのです。

冒頭に「意見」を言ったので、締め括りも「意見」なのですね。

もちろん、表現の技術が上がっていけば異なる表現で同じ内容を話すことができるようになります。しかし、慣れなくて余裕がないうちは、まず機械的に最初と最後を同じ文言にするとストレスが少なくなります。

話がこれ以上続かなくなったときに、とりあえず締めくくりの形をつくるための型ですね。

第2の注意点です。多くの人に受け入れられる意見を作るためには、個人の好き嫌いの視点ではなく、**公共の利益の視点**を持つといいです。上の話でも、「自分がなぜ夏が好きなのか」という話よりも「夏が社会に与える影響」という観点で話をしています。**説得力のある話というのは、「聞き手にとっても関係ある話」でなければいけません。**

そうすると、典型的な話というと、上に出たように行政や税金、あと

は環境問題とか福祉とかですか。

（😊） そうなりますね。

（😊） さて、Why Gameで意見の組み立て方がわかったので、本格的にボディ
パラグラフを作ってみましょう。以下に例を示しました。パラグラフの
最初にbecause、最後にsinceを使って「意見＋理由」を示していると
ころに注目してください。エッセイのトピックは前項に引き続き、「オ
フィスで仕事をするのと在宅勤務とどちらがよいか」です。

**Working from home is better than working at the office
because companies can hire more skilled workers**. Working
from home makes it easier for some people to join the
workforce. It is especially difficult for women raising children
and handicapped people to work at the office. It is regrettable
for companies to lose skilled workers just because they cannot
work at the office. Allowing people to work from home will
benefit more companies, and this will boost our economy.
**Since companies can hire more skilled workers, working from
home is better than working at the office.**

和訳 （カッコ内の言葉は4つの質問のうちのどれに対応した論理展開なのかを示している）
「在宅勤務の方がオフィスで仕事をするよりもよい。なぜなら企業はよりよい人材を
雇用できるからだ。（なぜ在宅勤務はよい人材を雇用できる？→）在宅勤務なら仕事
に参加しやすくなるという人が出てくる。（例えば？→）特に子育て中の女性や障害
を持つ人々にとって、オフィス勤務は難しい。単にオフィスで勤務できないからと
いうだけで、企業がこれらの有能な人材を失うのは惜しむべきことである。（在宅勤
務だとどうなる？→）こうした人々が在宅勤務ができるようになれば企業の利益に
なるし、経済を伸ばすこともになるだろう。企業が有能な人材を雇うことができる
ので、在宅勤務の方がオフィスで仕事をするよりもよい。」

パラグラフの中身は、基本的に「4つの質問」をランダムに駆使して展開していることがわかります。そしてボディの「型」と言えるのは、段落の最初と最後です。

どちらも意見と理由を述べていますね。これは論理の一貫性のためですか？

それもありますが、**スピーキングでも使える型**ということを意識しています。文章をうまく締めくくるのは日本語でも難しいものです。最後の形を決めておいて、話が尽きたら、その形を締め括りに使うのです。**エッセイの型をスピーキングで使えるようになるには、型を完全に決めてできるだけ話の組み立ての部分は自動化してしまうことが大事です。**もちろん慣れてきたら、締め括り方は自分で工夫するといいです。

最初はbecauseを使って「意見＋理由」、最後はsinceを使って「理由＋意見」となっていますね。何か意味があってこうしているのですか？

はい。全人類の言語の文法には**「旧情報が先、新情報が後」**という傾向があります。わかりやすく処理しやすい情報から先に処理したいので、既に知っている情報（旧情報）から先に扱う、というものです。すでに**イントロの最後で自分の意見はアナウンスしているので、意見は旧情報**です。しかし、イントロで提示した3つの理由のうちのどれをこの段落で詳述するのかは、まだ述べていません。ですから理由は新情報になります。従って**ボディパラグラフの冒頭では「意見を先、理由を後」**に述べています。そして、becauseは「まだ言っていなかったけれどこういう理由で」という意味の、新情報の理由を導く接続詞です。

だからボディの冒頭は「意見 because 理由」となるのですね。

そうです。一方、段落の中で理由を詳しく論じ、説得を終わった後は、「理由」は旧情報になります。そして、sinceは「既にご存知の通りこういう理由で」という、旧情報の理由を導く接続詞なので、理由が先にきて、締め括りの文は「since理由, 意見」という語順になります。

なるほど。わかりやすさも説得力の1つですね。

問題演習 1　エッセイの型と思考の展開の確認

以下はエッセイのイントロダクションと、3つあるボディパラグラフのうちの2つを抜粋したものである。

Three Reasons Why We Should Dine Out

These days, (　　1　　) are discussing where to eat. (　　2　　) say eating out is better, (　　3　　) say eating at home is better. (　　4　　) that it is entertaining, it boosts the economy, and knowing a lot of nice restaurants helps you when you entertain your business clients, (　　5　　) .

1 Eating out is better because it is entertaining. ① Dining out is not just about eating, but enjoying a fun event. ② It is exciting to eat at a popular restaurant like one you have seen on YouTube or TV, and I am sure you will take some photos and post them on social media to show your friends how nice the place is. ③ Also, eating something you may not be able to make for yourself is a great experience. ④ Fun events like this are essential to enriching your life. **2** Since it is entertaining, dining out is better than eating at home.

Eating out is better because it boosts the economy. ⑤ (＿＿)

Since it helps the economy, dining out is better than eating at home.

Eating out is better because knowing a lot of good restaurants can help when entertaining business clients. ⑥ (＿＿＿)

Since knowing a lot of good restaurants can help when entertaining business clients, dining out is better than eating at home.

Eating out is better than eating at home. This is because it is entertaining, it boosts the economy, and knowing a lot of good restaurants can help when entertaining business clients. If a lot of people dine out after the pandemic ends, it will help the economy recover.

最終段落：コンクルージョン

イントロダクションである第1パラグラフを完成させるために、型通りの言葉を空欄
(1) 〜 (5) に入れよ

(1)

(2)

(3)

(4)

(5)

問 2

ボディパラグラフを展開するための4つの質問である、

1. Why?
2. For example?
3. What does it mean?
4. Then, what will happen?

のうち、第2パラグラフの①②③④の部分には、それぞれどの質問が入ることでその後の文が展開されたと考えられるか、答えよ。

問 3

1. 下線部 **1** ではなぜ「意見」が先にきて、「理由」が後にきているのか、答えよ。

2. 下線部 **1** で、理由を表すのになぜ since ではなく because を使っているのか、答えよ。

3. 下線部 **2** ではなぜ「理由」が先にきて、「意見」が後にきているのか、答えよ。

4. 下線部 **2** ではなぜ理由を表すのに because ではなく since を使っているのか、答えよ。

問 4

問3の論理展開を参考に、空欄⑤の内容を埋めて、第3パラグラフを完成させよ。英語でできなければ、日本語でも構わない。

問5

問2の論理展開を参考に、空欄⑥の内容を埋めて、第4パラグラフを完成させよ。英語でできなければ、日本語でも構わない。

解答例

問1

（1）more and more people

（2）Some people

（3）while others

（4）Considering

（5）eating out is better than eating at home （eating out は dining out でもよい）

> アドバイス 最初のうちは型通りやりましょう。どんなトピックでも毎回同じ型で処理することが、ライティングのスピードをうみ、さらには、スピーキングにおいて自動的に言葉が出てくるようになるコツです。慣れてきたらさらに洗練された型や言い回しに変えて構いません。とにかく、どのような型であっても毎回同じ型を使うことをお勧めします。

問2

① Why? （Why does eating out entertain you? なぜ外食が楽しいのか）あるいは、What does it mean? （What does it mean that eating out is entertaining? 外食が楽しいとは、どういうことなのか）

② For example? （Can you give me an example of dining out being a fun event? 外食が楽しいイベントであるという例を挙げてください）あるいは Why? （Why is dining out a fun event? なぜ外食は楽しいイベントなのか）

③ For example? （Can you give me another example of dining out being a fun event? 外食が楽しいイベントであるという例をもう1つ挙げてください）あるいは Why? （Can you give me another reason why dining out is a fun event? なぜ外食は楽しいイベントなのか、もう1つ理由を挙げてください）

④ Then, what will happen? （What will happen when you have a fun event like this? こうした楽しいイベントがあるとどうなるのか）あるいは Why? （Why do you need a fun event like this? なぜあなたはこのような楽しいイベントが必要なのか）

解説 ………………………………………………………………………

こうして見ると、論理展開のために自身に向ける基本的な質問というのはすべて why の要素が入っているということがわかります。ただ、真正面から why で問うてばかりだと、煮詰まることが多いので、角度を変えて他の3つの質問を自分に行う、という

戦略をとっていきましょう。「説得の英語」は「意見＋理由」で構成するのが基本ですが、この「理由」を問う質問であるwhyこそが、思考を深めていくために一貫して必要なキーワードだと言えます。

問3

1. 意見はイントロダクションの中で表明されて旧情報になっているから先にくるが、理由に関しては、イントロダクションの中で表明された3つのうち、どれをこの段落で扱うかはここで初めて明かされる新情報。したがって、後ろに回される。

2. because は「今まで言っていませんでしたが、実はこういう理由で」という、新情報の理由を導く接続詞だから。

3. 段落の中で理由は十分に議論を尽くされ、旧情報化している。その分、パラグラフの中では意見（eating out is better）に比べて読者の頭の中に強く残っている。そうした「慣れた情報」から先に話すのが「わかりやすさ」なので、理由が先、意見が後になっている。

4. since は「ご存知の通り、こういう理由があるので」という、旧情報の理由を導く接続詞だから。

問4

アドバイス（今の段階ではまだ、英文作成能力よりも、ボディパラグラフ作成のための論理展開の方が重要です。したがって、段落冒頭と段落末以外は日本語で作ってもかまいません。この本を一通り終わらせたら、英語で書くことに挑戦してみてください。）

解答例

Eating out is better because it boosts the economy.（新型コロナの蔓延は、外食することがいかに我々の経済に貢献するのかを示してきた。人々は外出して友人や取引相手と食事することを控えるようになった。このせいで多くのレストランが店を閉めざるを得なくなった。このことは、外食することは単に楽しいだけではなく、経済にとり、とても重要であることを見せつけた。コロナ禍が終われば、経済を回すためにも我々はもっと外へ食事に出掛けるべきだろう。）Since it helps the economy, dining out is better than eating at home.

英語での解答例

Eating out is better because it boosts the economy. (The pandemic has shown us how much eating out contributes to the economy. People have been discouraged from going out and eating with friends or business clients. This has forced many restaurants to go out of business. This shows us that eating out is not just fun, but also very important for the economy. When the pandemic has been over for some time, we should dine out more often to help the economy.） Since it helps the economy, dining out is better than eating at home.

問 5

解答例

Eating out is better because knowing a lot of good restaurants can help when entertaining business clients.（よいレストランであるほど、あなたの顧客はより楽しいひと時を過ごすことになるだろう。これはよい仕事関係を築くのに役立つ。頻繁に外食するのは、自分の知っているよいレストランの数を増やすよい方法である。）Since knowing a lot of good restaurants can help when entertaining business clients, dining out is better than eating at home.

英語での解答例

Eating out is better because knowing a lot of good restaurants can help when entertaining your business clients. (The better the restaurant is, the better time your clients will have. This will help you be successful in building better business relations with them. Eating out often is a good way to increase the number of good restaurants you know.) Since knowing a lot of good restaurants can help when entertaining business clients, dining out is better than eating at home.

イントロダクションの和訳

最近、ますます多くの人たちがどこで食べるべきかについて議論している。外食の方がよいと言う人たちもいれば、家で食べる方がよいと言う人たちもいる。外食は楽しい、経済を回す、そして、たくさんのよいレストランを知っていれば、仕事上の顧客を接待するのに役立つ、ということを考えると、家で食べるより、外食の方がよい。

コンクルージョンの和訳

家で食べるより外食の方がよい。これはなぜなら、外食は楽しく、経済を回し、そして、たくさんのよいレストランを知っていれば、仕事上の顧客を接待するのに役立つからである。コロナ禍が終わって多くの人が外食をすれば、経済が回復へと向かうのに役立つだろう。

第1章 英語で人を説得する｜問題演習

最終段落のコンクルージョンは 3 つのパートで構成されています。

1. 自分の意見
2. This is because＋3 つの理由
3. 明るい未来への展望

3. にあるように、締め括りは暗い警鐘（～しないと…という目に遭ってしまうぞ）よりは、こうすれば、こういう明るい未来が待っているよ、という言い方にしましょう。人間の心理として、聞き手はその方が受け入れやすいからです（これも説得力の一環です）。また、3. で、本編で論じていない新しい話題を持ち出す人がいますが、それは NG です。これまで論じた内容を使い、3. を書きましょう。

第**2**章

説得のための
文型・構文・気分（＝法・mood）

　ここからは、ボディパラグラフの中身を作っていくために必要な英文法について考えていきます。この章では説得にとって重要な因果関係を表すのに必要な文型・構文・気分（＝法・mood）について見てみましょう。

　結果に注目する「自動詞」、原因に注目する「他動詞」の違いを SV、SVO などの形式だけではなく「動詞の力の方向」に注目し肌感覚で理解します。さらに、「原因」を主語にする構文、so that 構文、接続詞などを学び因果関係を表すスムーズな方法を手に入れましょう。

　「説得で使う時制」や、意見・予想・判断を表す「助動詞」についてとりあげ、最後に「仮定法」を使って相手に要求・提案する表現も紹介しています。自分の伝えたいことを誤解なく正確に伝えるためのニュアンスを学びましょう。

結果に注目する自動詞・原因に注目する他動詞

第1文型と第3文型

さて、ここからはボディパラグラフの中身を作っていくために必要な英文法を解説していきます。

「説得するための英語」は「意見＋理由」の表明が肝なんですよね。

そうです。この章では動詞の使い方を理解していくのですが、因果関係や意見をスマートに表現できるような**動詞の「型」**を解説します。その概念は、文型に沿って理解していくとわかりやすいですよ。

文型かぁ……。学校で第1～第5文型までの区別はできるようになったんですけど、だから何？って感じで……。

わかります。**ライティングとスピーキングで能動的に英語を使えるようにするためには、言葉の気持ちがわからないといけません。**ここでは「文の形のパターン」を追いかけるのではなく、**「動詞の力の方向」**に注目することで、文型の「気持ち」を理解していきます。

動詞の力の方向、ですか……。

今回は第1文型と第3文型、つまり自動詞の文と他動詞の文を理解しましょう。まずは第1文型。ここで使われる動詞は、自動詞と呼ばれます。これは**自分から出た力が自分自身を動かす**、という動きです。例えば

例 The door opened suddenly.
　　　　　　　　　　修飾語

のopenという動詞は「ドアから出た開くという力が自分自身に作用して、その結果ドアが開

く」ということです。実際には誰かが開けることでドアが開くのですが、「開ける人」ではなく、「ドアの動き」に話し手が注目して言語化した結果生まれる表現です。

😊 言語表現というのは客観的な事実よりも、話し手が世界をどう切り取るかの現れなのですね。

😄 次は第3文型。ここで使われる動詞は他動詞と呼ばれます。自分から出た力が他者に働きかける、という動きです。この**働きかけを受ける「他者」というのが目的語**です。例えば

例

		【目的語】
I	open →	the door .
私	開ける	ドア

訳 「私はドアを開ける。」

なら、「私」から出る「開ける」という力が「ドア」という目的語に働きかけ、結果としてドアが開く、ということを表現しています。

😊 なるほど、第1文型と第3文型は自動詞の動きか、他動詞の動きか、という意味で対照的なんですね。

結果に注目する自動詞・原因に注目する他動詞

😄 動詞の力の方向性がわかったところで、これを**因果関係の表現**として見てみましょう。

😊 はい。

😄 increaseという動詞があります。「増える」という意味にも「増やす」という意味にもなる言葉です。「増える」と「増やす」という2つの日本語、どちらが自動詞でどちらが他動詞か、わかりますね？

「増える」は自分が自分で増えていくので自動詞ですね。「増やす」は自分が他者である何かを増やしていくので他動詞です。

よくできました。実は自動詞と他動詞には、因果関係において重要な特徴があります。

何ですか?

自動詞は結果に注目し、他動詞は原因に注目する、というものです。例えば、

The cup broke.「カップが割れた。」
Andy broke the cup.「アンディがカップを割った。」

という2つの文を見てみます。自動詞の「割れた」の方では、カップがどうなったかという、**「結果」に注目する表現**になっています。一方で、他動詞の「割った」の方では、誰のせいでカップが割れたのかという、**「原因」に注目する表現**になっています。

本当だ。

他動詞の文というのは原則的に、主語が原因で、動詞＋目的語が結果を表すことになります。

例 <u>Andy</u> <u>broke the cup.</u>
　　原因　　結果

1つの現象をどう捉えているかで、自動詞と他動詞の使い分けを考えるようになるわけです。

例えば?

それを今から考えてもらいます。先ほども述べたように、increase という動詞には、自動詞の「増える」という意味も、他動詞の「増やす」という意味もあります。これをあなたの伝えたい気持ちによって、使い分

34

けてみてください。

問題 1

あなたは、去年の売り上げが8%上昇していることを伝えようとしています。空欄の中に、適切な言葉を入れ文を組み立ててください。動詞はincrease、時制は過去形、「売り上げ」はthe salesです。

(   ) by 8 % last year.

問題 2

あなたは、販促活動のおかげで去年の売り上げが8%上昇していることを伝えようとしています。「うまくいった販促活動」を主語にして、空欄の中に適切な言葉を入れ文を組み立ててください。動詞はincrease、時制は過去形、「売り上げ」はthe sales、「うまくいった販促活動」はour successful promotionです。

(   ) by 8 % last year.

さて、問題1と2では、どちらが自動詞でどちらが他動詞の文であるべきでしょうか。

そうですね……、問題1では、売り上げが上がった、という結果の部分に注目が集まっているから自動詞ですね。問題2は販促活動という原因が売り上げを押し上げたという風に、原因の分析に注目が集まっているから他動詞ではないでしょうか。

その通りですね。問題1は自動詞を使います。つまり、「売り上げが自分で上がっている感じ」であって、他者に働きかけるわけではありませんので、主語がthe sales、動詞はincreaseで、目的語は不要ですね。解答例は以下のようになります。

例 **The sales** increased) by 8 % last year.

売り上げ　　　　　　増えた

訳 「去年売り上げは8%上昇した。」

そして問題2は他動詞を使います。つまり「うまくいった販促活動が、売り上げに対し、上昇という力で働きかけていく」ことを表します。解答例は以下のようになります。

例 **Our successful promotion** increased → **the sales** by 8 % last year.
　我々のうまくいった販促活動　　　　増やした　　　売り上げ

訳 「効果的な販促活動のおかげで、去年売り上げは8%上昇した。」
　→直訳：我々のうまくいった販促活動が、去年売り上げを8%上昇させた

さてここで1つ質問です。我々が目指す「説得のための英語」にとって、よりふさわしい文はどちらの文だと思いますか？

説得に、ですか……。

説得には、因果関係の説明が効果的です。つまり、**結果だけを述べる自動詞の文よりも、原因と結果を分析的に述べる他動詞の文の方が、説得にはより効果的だ**、ということになります。もちろん、説得の中にはデータなど、「こんなことがあった」「こういうふうになった」というさまざまな「結果」を相手に伝えるシーンもありますから、それを表す時には自動詞の文を使っていけばよいでしょう。

なるほど、原因と結果、どちらにより注目するかで自動詞と他動詞を使い分ける、ですね。

問題 3

消費税増税（原因）と支出の減少（結果）の関係を、①結果に注目する自動詞表現と、②原因を重視する他動詞表現で表しましょう。

① 「消費税増税（名詞）」は the consumption tax hike、「日本経済（名詞）」は the Japanese economy、「鈍化した（自動詞・過去形）」は slow down を使って

(   ) last year because of
(   ).

（言いたいこと：昨年の日本経済は鈍化し、その原因には消費税の増加がある）

② 「消費税増税（名詞）」は the consumption tax hike、「日本経済（名詞）」は the Japanese economy、「鈍化させた（他動詞・過去形）」は slow down を使って

(   ) last year.

（言いたいこと：昨年の消費税増税が日本経済を鈍化させた）

以下に解答例を示しておきますね。

解答例

① (The Japanese economy slowed down) last year because of (the consumption tax hike).

② (The consumption tax hike slowed down the Japanese economy) last year.

定義と評価を表す補語

第2文型と第5文型

第 **5** 項

定義を説明するのに使う文型

第2文型はI'm a student. やI'm sad. のように、「AはBである」ということを表す文型です。つまりこれは**性質や属性、様子を表す時に使う文型**です。

ライティングにはどんな風に使えますか?

いろいろあります。ここでは2つ使えるようになりましょう。まず1つ目です。例えば聞き手が知らない用語を導入するときに、その定義を明確にしてから話した方がいいですよね。一番単純で使いやすいのが、**"A is a (kind of) [Aの上位カテゴリー] ."** です。

日本語にすると、「Aとは (一種の) 〜のことである」、ですか。

A is a (kind of) [Aの上位カテゴリー] . の型

例 Esports is a kind of <u>sport competition</u> = [using video games] .
eスポーツ　　　　　　一種のスポーツ大会　　　　テレビゲームを使う
どんなスポーツ大会?

訳 「eスポーツとは、テレビゲームを使った一種の
スポーツ競技会です。」

例 COVID 19 is an infectious disease
　　　　　　　　　　　　　　　　一種の感染症

= [caused by the novel coronavirus].
　　　　　　新型コロナウィルスにより引き起こされる

どんな感染症？

訳 「COVID 19とは、新型コロナウィルスによって
　引き起こされる、感染症です。」

😀 このように何かの定義を表すときには補語には名詞がくることが一般的
　です。そしてそれだけでは情報が足りない場合、名詞の後ろに、名詞
　の詳しい説明（＝修飾）をするための形容詞のかたまりがきます。上記
　の例文では using video games や caused by the novel coronavirus と
　いった分詞の形容詞句がそれです。

問題 2

今回の販売促進活動に、あなたは viral marketing という手法を採用しました。会
議の出席者に viral marketing が何かを説明しないといけません。"A is a (kind of)
[Aの上位カテゴリー] + 〜 ing ……" の構文を使い、viral marketing の定義を説明
してください。

ヒント｝　viral marketing とは、SNS (social media) を使う販促方法の一種 (a kind of
　　　　promotion)

😀 さて、できましたか？

🙂 そうですね。軽くて抽象的な情報である「viral marketing とは、販促方
　法の一種だ」から取りかかればいいですね。まずは、

Viral marketing is a kind of promotion

🙂 という感じですか……？

😀 いいですね。そのあとにどんな a kind of promotion なのかの、「詳しく、

重い情報」を付けましょう。今回は「SNSを使う販促活動の一種」ですね。「SNS」という言葉はもともと英語ではあるのですが、実際に英語ネイティブの間ではsocial mediaと呼ぶのが自然です。

じゃぁ……さっきの例文に、a kind of sport competition using video gamesとありましたから、それを使って……

... a kind of promotion using a social media

ですか？

惜しいですね! social mediaの前にはaを付けません。mediaという言葉はもともと中間・媒体を意味するmediumの複数形から始まった言葉だ、ということと、現代英語ではさまざまなメディア媒体が集合した、「形ではなく性質」を意味していますので、一種の不可算名詞扱いです（第3章第13項参照）。

なるほど、では、

Viral marketing is a kind of promotion using social media.

でどうでしょう。

いいですね。問題ありません。

評価を表す形容詞を補語に使う

それでは2つ目のパターンに移ります。**A is Bの構文は「評価」を表す構文**でもあり、Bには評価を表す形容詞がくることがよくあります。話者によってなされる評価は、話者の何らかの意見、主張であることが普通です。説得の英語の肝は「意見＋理由」なわけですが、話者はどういう意見の持ち主なのか、例えばトピックに関して賛成なのか反対なのか、これを表すのに必要な情報を話者が第2文型で提供していくことになり

ます。以下に、「なぜ投票すべきか」というトピックで、ボディパラグラフに使えそうな文を挙げていますが、**A is B の文が話し手の意見を表しているところに注目してください。**

例 Some people think their vote won't matter anyway, but I have to say they are wrong.

訳 「中には自分たちの票など何にもならないと考える人もいるが、私からすると彼らは間違っていると言わざるを得ない。」

例 Democracy is not perfect, but it is better than all the other political systems.

訳 「民主主義は完璧とは言えない。けれども他のどの政治制度よりもましである。」

😊 wrong, not perfect, better といった形容詞を使うことで、いずれも筆者の評価を表し、それが筆者の意見の主張として使われていますね。言われてみるとなるほど、という感じですが、A is B の構文は意見の主張に使えるのですね。

😄 もちろん言われなくてもこういう使い方はしているよ、という読者がほとんどでしょうが、意識をすることで、これが1つの「型」となり、必要な時にすぐに取り出して使えるようになります。

「3＋2」は第5文型

😄 続いて第5文型です。SVOCで「SがO＝Cの形にVする」という意味を出します。

😊 なぜここで第5文型なのですか？

😄 すでに他動詞構文である第3文型と、A is B. の構文を中心とした第2文型を解説しました。実はこの2つを組み合わせて1つの文型にしたのが第5文型だと考えるとわかりやすいからです。例えば we call the political system（我々はその政治システムを呼ぶ）という第3文型と、

the political system is democracy（その政治システムは民主主義である）という第2文型が組み合わさってできたのが第5文型のWe call the political system democracy.です。動詞の力のイメージは以下の通りです。

例 **We** call [**the political system = democracy.**]

我々　　呼ぶ　　　　その政治システム　　　　　　　民主主義

訳 「我々はその政治システムを民主主義と呼ぶ。」

😊「説得の英語」においてはどういう使い道があるのですか？

😊 主に「原因のせいでこうなる」という使役、それから「～だと気づく・～だとみなす」という認識・分析の文で使えます。

....

使役 「原因のせいでこうなる」

例 **Quality sleep** keeps [**your body and brain = healthy.**]

質の高い睡眠　　　保つ　　　　あなたの身体と脳　　　　健康

訳 「質の高い睡眠はあなたの身体と脳を健康に保ってくれる。」
→ your body and brain healthy は、your body and brain are healthy から are を抜いたものと考えるとわかりやすい。

....

認識・分析 「～だと気づく・～だとみなす」など

例 **Some children** find [**it = hard**] to make friends at school.

何人かの子供たち　　気づく　状況＝難しい／学校で友達を作る（仮目的語であるitの詳しい中身）

何することに向かうのが難しい？

訳 「中には学校で友達を作るのに困難を感じる子供たちもいる。」
→ it hard to make friends at school は、it is hard to make friends at school から is を抜いたものと考えるとわかりやすい。

例 We | should consider | [ourselves = lucky] | to be alive.

私たち 　考えるべき 　　　　自分自身 　幸運 ／ 生きている状態にある

どういうことに向かって幸運だと思う?

訳 「我々は生きていてラッキーだと思った方がいい。」

→ ourselves lucky to be alive は、we are lucky to be alive から are を抜いたものだと考えると語順がわかりやすい。

😊 使役の文は主語に原因がくるから、因果関係の説明に使えそうですね。

😀 そうです。そして、**状況分析や、人の考え方を説明するのに認識・分析の第5文型は使えます。**

😊 説明の幅が広がりそうですね。

問題

あなたは「投票と選挙」について意見を表明しようとしています。第2文型や第5文型を使い、以下の質問に答えてみてください。ヒントは使っても使わなくても結構です。

① Why is it important for you to vote?

ヒント > make A heard:Aを聞いてもらう、my voice:私の声

Voting is important because (　　　　　　　　　　　　) by voting.

② Do you think you can make any difference by voting?

ヒント > voting:投票(すること)、an opportunity:機会、politicians who I don't believe in:私が信頼していない政治家たち、make decisions:決断を下す

(　　　　　　　　　　　　　) for change. I don't want to let (　　　　　　　　　　　) about my life.

😀 次ページに解答例を示しておきますね。

① Voting is important because (I can make my voice heard) by voting.

「投票することで自分の声を届けることができるから、投票は大事だ。」

② (Voting is an opportunity) for change. I don't want to let (politicians who I don't believe in make decisions) about my life.

「投票することは変化のための機会だ。自分が信頼していない政治家たちに自分の人生に関する決断を下してほしくない。」

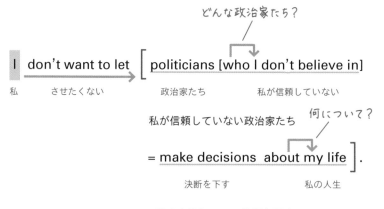

どんな政治家たち？

I don't want to let [politicians [who I don't believe in]

私　させたくない　　政治家たち　　私が信頼していない

私が信頼していない政治家たち　何について？

= make decisions about my life].

決断を下す　　私の人生

私の人生について決断を下す

原因が人に、結果を渡す

第4文型は「渡す」文型

😊 5つの文型のうち、最後は第4文型を説明します。第4文型（ＳＶＯ1 Ｏ2）そのものが持つ意味、というものがあります。それは**「渡す・与える」という意味**です。

🙂 単に「〜に…を」という形だけなんだと思っていましたが、この文型に「渡す・与える」という意味が備わっているのですか？

😊 単語や熟語に独自の意味があるように、構文にも独自の意味が備わっている、ということが言語学者の間で議論されています。その中でも最も注目されている構文の1つがこの第4文型で、正式には**二重目的語構文**と呼ばれます。例えばbuyは「買う」という意味で、どちらかというと「手に入れる」イメージであり、渡すイメージではありません。例えば、ちょっと変な文ですが、

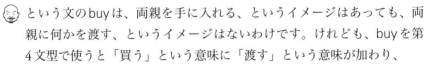

例 I bought my parents.
　私　　買った　　自分の両親

訳 「私は両親を買った。」

😊 という文のbuyは、両親を手に入れる、というイメージはあっても、両親に何かを渡す、というイメージはないわけです。けれども、buyを第4文型で使うと「買う」という意味に「渡す」という意味が加わり、

例 I bought my parents a house.
　私 買った＋渡した／自分の両親　　一軒の家
　　　　　　　　　　誰に？　　　　何を？

訳 「私は両親に家を買ってあげた。」

となるのです。

確かに！

原因が主語になる文はライティング向き

さて、この第4文型ですが、ライティングつまり「人を説得する英語」により向いている使い方があります。

というと？

自動詞と他動詞でincreaseの話をしたとき、同じincreaseでも自動詞（増える）と他動詞（増やす）なら、どちらが説得に向いていたんでしたっけ？

他動詞のincrease（増やす）でした。「原因」が主語になって、「increase＋目的語」は結果を表すので、因果関係がはっきりするから。

その通りです。原因を主語にするとよりスマートに因果関係を表すことができます。ここでは原因を主語とする第4文型の文を練習しましょう。第4文型は、「主語がO1にO2を渡す」という形をとります。例えばHe showed me some pictures. ならheがmeにsome picturesという視覚情報を渡していることになります。原因を主語にすると、「原因が、人に、結果を渡す」という言い方ができます。ここではsaveという動詞を使って考えてみましょう。saveというのは「救う、貯金する、節約する、とっておく」などいろいろな意味がありますが、その根っこの意味は「放っておいたら流れて消えてしまうはずのものを、消える前にすくい上げる」ということです。お金なんかは入っては出ていくもので、放っといたら消えて無くなるものですが、出ていく前にすくいあげれば、それは貯金したり、節約する、という意味になります。

例 | Viral marketing | saved | us | a lot of money.

ヴァイラル・マーケティング　すくう＋渡す　私たち　たくさんのお金

原因　　　　渡す　　人に　　　恩恵

訳 「ヴァイラル・マーケティングのおかげで、私たちはかなりのコスト削減ができました。」

この文では、ヴァイラル・マーケティングという販促方法が、消えてしまうはずのお金をすくい上げて、その恩恵を私たちに渡してくれた、ということを第4文型が表してくれています。

なるほど、こういう、原因が人に結果を渡す、ということを表す第4文型の動詞には主にどのようなものがありますか？

よく使われる動詞はそれほど多くはありませんので、覚えておいて欲しいですね。**give(与える), show(示す), tell(教えてくれる), save(取っておく、手間を省く), cost(費用がかかる), cause(引き起こす)** といったところです。

例 | A map | will not give | us | an idea of how large Hokkaido is.

地図　　　与えないだろう　　我々　　考え　　　　どれほど北海道が広いのか

何の考え？

訳 「地図を見ただけでは私たちは北海道の広さを実感できないだろう。」
→ give 人 an idea of A は「人に A の考えを与える＝人に A を理解させる」

例 | This | tells | us | how dangerous it will be

これ　　教える　我々　　いかにそれが危険だろうか

―― 何することに向かうのが？

to rely on food from overseas.

海外からの食料に依存する（it の詳しい内容）

訳 「このことから、海外からの食料に依存することがいかに危険なことであるかがわかる。」
→ tell は第4文型では「言葉を通して人に情報を渡す」という意味。代わりに show を使うと、「言葉」よりも「映像的」に示すという感じになる

Too much work and stress | could cost → | you | your life.

あまりにも多くの仕事とストレス　　犠牲＋渡す　　あなた　あなたの命

原因　　　　　　　　渡す　　　人に　犠牲・負担

訳 「働きすぎと過剰なストレスのせいで、あなたは命を失うことだってある。」

→ cost は「費用がかかる・犠牲が出る」。「cost 人 one's life」で「〜の命を犠牲にする」。cost が第4文型で使われると、「人に犠牲・費用などの負担を渡す」という意味で使われる。could は過去を意味せず、具体的な個別の事例に関する実現の可能性を表す（第2章第11項参照）。

....

例 You | caused | us | a lot of trouble | last night.

君　引き起こす＋渡す 我々　　多くの迷惑　　　　昨夜

訳 「君のおかげで、私たちは昨夜散々な目にあったんだぞ。」

→ cause が第4文型で使われる時、多くの場合「悪いこと」を引き起こす意味で使われる。

問題

以下は「歴史を学ぶ意義について」書かれたエッセイです。以下のイントロダクションにある3つの理由のうちの1つを使い、「なぜ歴史を学ぶことは重要なのか」に関して80 words程度のボディパラグラフ（第1章第3項参照）を1つ書いてください。ボディパラグラフの展開においては、「なぜ」「例えば」「そうするとどうなる」「それはつまりどういうことか」の4つの問いを自分に問いかけながら意見を展開するようにしてください。

　　These days, more and more people are discussing whether we should study history. Some people think it is important to study history, while others don't. Considering that history helps us understand who we are, helps us understand people who are different from us, and helps us make better decisions, it is important to study history.

　　It is important to study history because .... ＿＿＿＿＿＿＿＿

＿＿＿＿＿＿＿＿＿＿＿＿＿＿＿＿＿＿＿＿＿＿＿＿＿＿＿＿＿＿

＿＿＿＿＿＿＿＿＿＿＿ Since ..., it is important to study history.

😊 以下に解答例を示しておきますね。

解答例

It is important to study history because it helps us make better decisions. For over several thousand years the way humans think has not changed and we can learn a lot of things from the past. Studying history may give us a way to solve the problems we are tackling now. Taking a look at past mistakes will prevent us from making the same mistakes again. Knowing history makes us smarter and could make the world a better place. Since it helps us make better decisions, it is important to study history.

よりよい決断の役に立つので歴史を学ぶことは重要だ。数千年以上に渡って人間の考え方というのは変わっておらず、我々は過去から多くのことを学ぶことができる。歴史を学べば現在我々が取り組んでいる問題の解決策が見つかるかもしれない。過去の過ちに目を向けることで我々は同じ過ちを犯さずに済むだろう。歴史は我々を賢くし、世界をよりよい場所にすることもありうるのだ。というわけでよりよい決断の役に立つので、歴史を学ぶことは大事である。

解説

ボディパラグラフの内容は、以下の通り「4つの質問」に対応して論理が展開されている。

「よりよい決断の役に立つので歴史を学ぶことは重要だ。（なぜ？）数千年以上に渡って人間の考え方というのは変わっておらず、我々は過去から多くのことを学ぶことができる。（学ぶとどうなる？）歴史を学べば現在我々が取り組んでいる問題の解決策が見つかるかもしれない。（学ぶとどうなる？）過去の過ちに目を向けることで我々は同じ過ちを犯さずに済むだろう。（それってつまり？）歴史は我々を賢くし、世界をよりよい場所にすることもありうるのだ。というわけでよりよい決断の役に立つので、歴史を学ぶことは大事である。」

第3文、第4文、第5文はすべて「原因を主語にした因果関係を表す文」。

例　原因　prevent　人　from　〜 ing　（原因のおかげで人が〜しないで済む）
　　　　妨げる　　　　　何することから？

という構文で、「原因」を主語にする構文の中でも最も便利な構文の1つ。

論点をズレにくくする構文

理由を横に並べるのではなく、縦に掘り下げる

😊 この本は、「人を説得する英語」に限定し、そのために有効な話の組み立て方を解説しています。

🙂 その基本は「意見＋理由」でしたね。

😊 その通りなのですが、とにかく「意見＋理由」を表明すればいいや、となってしまうと、逆に説得力のない文章を書いてしまう人が出てきたりします。以下、少し極端な例ですが、私が高校生にライティングの指導をしていた時の例を日本語で示します。

悪い例

トピック：在宅勤務とオフィス勤務はどちらがよいか

　在宅勤務の方がいいです。なぜなら都合のよい時間に働けるからです。通勤時間を節約することもできます。自身の能力次第で仕事を早く終わらせることもできます。よって、在宅勤務の方がいいです。

🙂 うーん、確かに意見（在宅勤務の方がよい）に加えて、理由も複数並んでいますが、何か浅い感じがしますね……。

😊 そこが大事です。なぜ「浅い」感じがすると思いますか？

🙂 何かぶつ切りに理由が並んでいるだけ、というか……、そうですね。通勤時間を節約したらどういういいことがあるのか、とか、仕事を早く終

わらせることができたら、どうなるのか、とか、そういう「掘り下げ」がないから浅く見えるのかな？

😃 素晴らしいですね。その通りです。この例ではただ理由を「並列的・横方向」に並べているだけで掘り下げが足りません。**説得力のある文章は「縦」に話を掘り下げていくことで実現します。**

トピック：在宅勤務とオフィス勤務はどちらがよいか

　在宅勤務の方がいいです。なぜなら都合のよい時間に働けるからです。都合のよい時間に働くことによって、日中に行わなければいけない他の用事、例えば病院に行く、役所の用事を済ませる、子供の送り迎えをするなどといったことが効率的に行えます。仕事以外の用事を効率的に消化することはストレスを減らすことにつながります。こうした経験により、仕事以外の時間を捻出するために積極的に仕事の効率化を図るようになります。また通勤に使っていた時間を仕事に回すこともできるので、さらに効率的に仕事を処理することが可能になります。

😊 確かに。「Aをします」→「AをすることでBが起きます」→「BをするとCになります」というふうに、因果関係が連鎖することで話が掘り下げられていますね。

😃 そうです。**わらしべ長者のように、前の文で起きた出来事が原因となって次の文の出来事を引き起こせば、話の筋道がきれいに一本通るのです。**話が分散しないので、聞き手にとってはとても頭に入りやすくなります。**「原因」を主語にする構文をうまく使うと、因果関係をうまく連鎖させることができるのです。**とっかかりとして、まずは次ページのものを使うようにしてみてください。

① 原因 allow 人 to do 〜 ：「原因のおかげで人が〜するようになる」

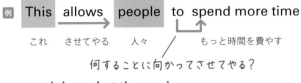

例 This allows people to spend more time
これ させてやる 人々 もっと時間を費やす

何することに向かってさせてやる？

on doing what they enjoy.
自分たちが楽しむことをやること

何の上に時間を投下する？

訳 「このおかげで人々は、好きなことにもっと時間を費やすことができるようになります。」

....

② 原因 enable 人 to do 〜 ：「原因のおかげで人が〜することが可能になる」

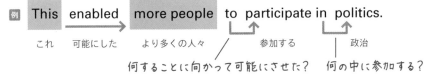

例 This enabled more people to participate in politics.
これ 可能にした より多くの人々 参加する 政治

何することに向かって可能にさせた？ 何の中に参加する？

訳 「このおかげでより多くの人たちの政治への参加が可能となりました。」

....

③ 原因 encourage 人 to do 〜 ：「原因のおかげで人が〜するようになる」

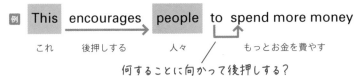

例 This encourages people to spend more money
これ 後押しする 人々 もっとお金を費やす

何することに向かって後押しする？

on local restaurants and shops.
地元の飲食店やお店

何の上にお金を投下する？

訳 「このことによって、人々が地元の飲食店やお店によりお金を落とすようになる。」

④ 原因 cause A to do 〜：「原因のせいで、Aが〜してしまう」

例 This caused → oil price to fall substantially.

これ　引き起こした　石油価格　／　かなり下落する

何することに向かって引き起こした？

訳 「このせいで、石油価格がかなり下落してしまった。」

😊 例文の主語がすべて this になっているのは、何か意味があるのですか？

😄 前述の内容を this で指して、それを原因として、次の結果が起きる、ということを表しています。

例 The number of passengers traveling by air has decreased drastically due to the pandemic. This has caused oil price to fall substantially.

訳 「疫病の流行により、飛行機を利用して移動する乗客の数が劇的に減少した。このため、石油価格がかなり下落してしまった。」

😊 なるほど、「疫病の流行→飛行機客の激減→石油価格の下落」というふうに因果関係が一本のラインで連鎖していますね。

😄 **話を一本のラインにすることが、論点をズレにくくし、わかりやすく説得力のある話にしていくコツです。**

😊 1つ質問なのですが、和訳だけ見ると、それぞれの動詞の意味の違いがわかりにくいと感じる時があります。allow と enable はどちらも「〜することができる」と訳せそうですし、encourage は「勇気付ける」という訳で覚えていたのに、「〜するようになる」と訳されていますよね。

😄 まず allow と enable から説明しましょう。どちらも何かの原因のおかげで何かが実現することを表しているのですが、enable は「やったぞ、できたぞ」という成功感、達成感が強く現れます。

例 The money <u>enabled</u> me to buy a car.

訳 「そのお金のおかげで私は車を買うことができた。」

「やった！車が買えた！」という感じなのですが、**allowは「因果関係から考えて必然的に起きること」**を意味します。例えば

例 Social media <u>allows</u> us to express our opinions more freely.

訳 「SNSのおかげで我々はより自由に自分の意見を述べることができます。」

enableに感じる「やった！実現したぞ！」というような達成感ではなく、「SNSは必然的に自由な意見の表明をもたらす」という感じです。

なるほど、**実現に対する達成感のenable**と、**必然的な結果をもたらすallow**ですか。

次にencourageですが、「勇気づける」という訳は間違いではないものの、あまり使わないかもしれません。それよりは**「後押しする、奨励する、触発する」**という感覚のほうが強いですね。最後にcauseですが、この構文ではcauseは**「悪いことを引き起こす」**という意味で使われることが多数派です（もちろんそうでない場合もあります）。構文の構造は、

というふうになっています。

わかりました。積極的に使っていきます。

それでは最後に紹介した構文を使い、すでに述べた「在宅勤務」のパラグラフを英語にしたものを記します。本項で紹介した構文には下線を引いてあります。

Working from home is better than working at the office because workers can work at their convenience. This will allow workers to do many things such as seeing the doctor, doing paperwork at city hall, and picking up kids in a more efficient manner. Being able to get things like these done will reduce their stress. This will encourage workers to make their work environment more productive so they can spend more time on things other than work. They can also spend some time on work instead of commuting, which will enable them to work more efficiently.

和訳 在宅勤務の方がいいです。なぜなら都合のよい時間に働けるからです。都合のよい時間に働くことによって、日中に行わなければいけない他の用事、例えば病院に行く、役所の用事を済ませる、子供の送り迎えをするなどといったことが効率的に行えます。仕事以外の用事を効率的に消化することはストレスを減らすことにつながります。こうした経験により、仕事以外の時間を捻出するために積極的に仕事の効率化を図るようになります。また通勤に使っていた時間を仕事に回すこともできるので、さらに効率的に仕事を処理することが可能になります。

その他の理由と結果の述べ方

so that 構文で提案する

ここまで主に「原因を主語にする構文」を使い、因果関係を表してきました。

because を使うのもいいけれど、こういった構文はよりスマートに因果関係を表せますね。

とはいえやはり、because などの理由を表せる接続詞も大切です。英語学習者にとって、いくつかの接続詞の使い方の注意点を述べておきます。まずは because からです。

because は接続詞

日本語話者による because の誤用で一番目立つのは because を接続詞として使わず、文頭の副詞のように使うパターンです。

例 Summer is better for the economy than winter. <u>Because</u> there is a long vacation in summer.

言いたいこと：「冬よりも夏の方が経済にとってはよい。<u>なぜなら</u>、夏には長い休暇があるからだ。」

日本語の「なぜなら、」につられて、ついやってしまうんですよね。

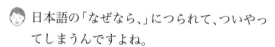

このような because の使い方は、まったくの間違いとまでは言い切れないところがあって、会話などでは見られることも結構ありますし、小説

などでもよく見られます。しかし、限りなく話し言葉に近い表現です。そうではない、少しフォーマルな場面での上記のような使い方はやはり、おかしく見えます。**本来、becauseは接続詞です。つまり2つの節（S＋V～）をつなげるのがその文法的役割です。**日本語で言えばその感じは「～ので」です。

じゃぁ、上の文は日本語に直すと

「冬よりも夏の方が経済にとってはよい。<u>夏には長い休暇があるので、</u>」

という感じですか。

そうです。「、」で終わる感じですね。つまり「文が終わっていない」中途半端な感じです。日本語の「なぜなら」を再現したいなら、

Summer is better for the economy than winter. <u>This is because</u> there is a long vacation in summer.

です。

これなら this is という S＋V と there is ～という S＋V ～が because でつながっていますね。

そうです。ただし、この言い方は理由を独立させて一文にしているので、

Summer is better for the economy than winter because there is a long vacation in summer.

に比べると理由を強調した仰々しい言い方に聞こえます。特に理由を強調する必要がない限りは、this is because は使わなくてもいいでしょう。問題演習1（P.25）にある通り、コンクルージョンに this is because を使っていますが、これはエッセイの締め括りとして、少し重々しく響くことを狙っています。

because は文末の節に置くのが基本

🧑‍🦲 次に、becauseは文頭の節よりは、文末の節に置くのがデフォルトです。becauseは「まだ言っていませんでしたが、実はこういう理由で」という、「新情報の理由」を扱うからです。

🧑 すでに第1章第3項で述べた、**「旧情報が先、新情報は後」**というやつですね？

🧑‍🦲 はい。すでに知っているわかりやすい情報である旧情報を先に処理し、初めて聞く、処理にコストのかかる新情報はあとからゆっくり聞く、という脳フレンドリーな傾向は文法の中にも根付いています。したがって新情報の理由を扱うbecause S ＋ V 〜は文末にくるのが一般的です。一方でsinceが理由を意味するときには、旧情報、つまり「すでにあなたも知っている通り〜という理由で」という意味を表しますので、since S ＋ V 〜は文頭にくるのが一般的です。

例 Since my car had broken down, I had to ask James to pick me up.

訳 「（知っての通り）私の車はその時壊れてしまっていたので、ジェームズに車で迎えにきてもらうよう、頼まなければいけなかった。」

🧑 他にはasも理由を表しますが、asはどういう使い方をしますか？

🧑‍🦲 asもsinceと同様、旧情報の理由を表しますので、やはり文頭に置くのが一般的です。ただ、asはさまざまな意味を持つ言葉なので、**理由を明確に意味したいときにはasは避けてsinceを使う**のが一般的です。

問題解決のための提案に使うso that構文

🧑‍🦲 理由以外にも因果関係を表すのに便利な言い回しがあります。その1つ

がso that構文です。

😊 あの、「とても〜なので…だ」の構文ですか？

😁 それはso 〜 that…構文、つまり、soとthatの間に形容詞や副詞が入るやつですね。ここで紹介するのはsoとthatがくっついている方の構文です。

例 We should improve the working environment <u>so that our workers can avoid health risks.</u>

訳 「<u>従業員の健康被害のリスクを避けるために、</u>労働環境を改善すべきだ。」

このように一般的にはso that以下は「目的」として訳されるのですが、本来soは「そうすれば・そういうわけで」という日本語の「そう」に近い意味を持ち、接続詞のthatは本来「あれ・それ」という指示語から発達したものだと考えると、「そうすればこうなるでしょ？」と捉えるのが英語本来の感覚に近いと言えます。

We should improve the working environment
我々は労働環境を改善するべきだ（意見・提案）

so that our workers can avoid health risks.
☞
従業員の健康被害のリスクを避けられる

そうすれば → 〜 になるでしょ（問題解決）

😊 なるほど、確かに本来は目的を表す構文ではあるのだけれど、この構文の前半の文にshouldを使えば、so thatの部分は問題解決が見えてくる、つまり、「そうすれば、こういうよいことが起きるでしょ？」という内容を表すことになるのか。提案の時に便利な表現ですね。

😁 文法的な注意点を述べておきます。so thatの後ろのS＋Vには助動詞のcanかmayが付くことが普通です。mayの方がやや堅く響くのが一般的です。助動詞というのはそもそも、話者が心の中で思っているだけの「予

59

想・判断」を表すためにあり、逆に言えば助動詞なしの文は、話者の思いと関係のない、事実として起きることを述べます。

例 It will rain tomorrow.

訳 「明日は雨だろう。」（助動詞あり：話者が思っているだけ）

例 We have a lot of rain during June.

訳 「6月は雨が多い。」（助動詞なし：実際に起きる話）

so thatの後ろは提案内容、つまり話者が「こうなるだろうと思っている」部分であるため、それを表すために可能（することができる）を表すcanがよく使われます。また、頻度は劣りますが、推測（根拠はないけれど、そうなるかもと思う）を表すmayも使われるときがあります。

so thatの前にカンマが付くと意味が変わりますよね？

はい。「そういうわけで」「その結果」という、結果を表す表現になりますね。

なぜカンマがあるだけでそんなに意味が変わるのですか？

カンマは1つのシーンを分断して、2つのシーンに分けるという働きを持ちます。カンマの後にso thatがくることで、「カンマの前のシーンを受けて、**そうして（so）**、カンマの後のシーンではこうなる」という意味になり、「そういうわけで」という結果を表す意味になるのです。

例 He missed the bus, so (that) he had to take a taxi.

彼はバスに乗り遅れた　　　　　　　　彼はタクシーに乗らざるを得なかった

そうして

訳 「彼はバスに乗り遅れた。そういうわけで彼は
タクシーに乗るしかなかった。」

thereforeを使いすぎる日本語話者

😀 最後に、thereforeについて。エッセイの添削をしていると、「したがっ
て、それゆえ、そういうわけで」ということを言いたい時に、文頭に
Therefore, を使う人をよく見ます。

🙂 私もよく使います。

😀 これに関しての議論は、特にマーク・ピーターセン先生の『日本人の英語』
（岩波新書）に詳しいのですが、やはり大袈裟すぎて、数学の定理の説
明のように聞こえる表現だと言えるでしょう。

🙂 そうなんですか。

😀 「したがって」や「それゆえ」というのは、**「前に出てきた事柄の結果」**
ということですから、as a result（結果として）や、this is why S ＋
V ～（こういうわけでSはVする）あたりが、固すぎない柔軟な表現と
言えるでしょう。

伝聞・推量の構文を上手く使う

第9項

seem 構文などの書き換え

😄 今回は**「断言を避ける構文」**を解説します。

🙂 それはいいですね。やはり、よほどの自信がない限り、断言するのは気が引けます。でも英語を話す人って「ものをはっきり言う」というイメージがありますが……。

😄 英語には英語の「気の使い方」や「断言の避け方」というものがあります。こうした表現を知っておくと、自分の感情によりシンクロした言い方が、英語でも可能になります。具体的には、seem（〜のように見える）、be said（〜だと言われている）、be believed/thought（〜だと考えられている）、be reported（〜だと報告・報道されている）、be likely（おそらく〜になる）といった表現があります。

🙂 どういう構文を使うのですか?

😄 2種類あります。seem という動詞を例にとると、こうなります。

「SがVするように見える」

It seems that S ＋ V 〜

S seem to V 〜

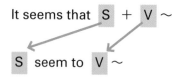

例 It seems that we are lost.

we seem to be lost.

訳 「我々はどうやら道に迷ったようだ。」

😐 ふむふむ、仮主語itで始まる時は、後ろがthat S + V 〜で、そのSが直接主語になる時は、後ろのVは不定詞になるわけだ。

😄 そうです。**注意を要するのがseemなどの動詞の時制よりも、that節内の動詞の時制が1つ古い場合です。**

例 It seems that their relationship began at that time.

現在形　　　　　　　　　　　　　　　　　　　　過去形

訳 「どうやら彼らの関係はその時に始まったようだ。」

😐 なるほど、関係が始まったのは「過去あのとき」でも、そう思えると実感しているのは「今」なのですね。

😄 **不定詞は動詞原形なので、時を表すことができません。そのままでは主節の動詞（ここではseem）と同じ時制を表すのだとみなされます。主節の動詞よりも1つ前の出来事だということを表すには「to have 過去分詞」にします。過去分詞は「動作の終わった後の状態（完了）」を意味し、haveが付くことで「すでに動作が終わった後の状態を抱えている」ことを表し、これによって、主節の動詞よりも1つ前の出来事であることを表します。**

Their relationship seems to have begun at that time.

😐 これは主節の動詞（ここではseem）が過去形の場合でも同じですか？

😄 はい。不定詞が完了不定詞（to have＋過去分詞）になるというところは変わりません。

例 It seemed that they had already made a decision.
They seemed to have already made a decision.

訳 「彼らは（その時には）すでに決断を下していたように思えた。」

😐 書き換えても意味はまったく変わらないのですか？

いえ、微妙に変わります。itで始まる方がやや固く、客観的に広い視野で見ている感じがします。これは情報の主役である主語が仮主語itであり、その意味の正体が「状況」だからです。

なるほど、状況全体を俯瞰して、カメラで例えれば、引いて全体を撮っている感覚があると言えるのですね。「状況全体からみると、彼らの関係は…らしい」、という感じですか。

一方で、**普通の主語で始まる場合、状況全体というよりは、主語である名詞に注目しています。**例文なら their relationship（彼らの関係）のところまでカメラがズームアップして撮影している感じですね。その分聞き手は中に入り込むというか、臨場感が出てくる表現です。また、itの文に比べて、仰々しさが少なくなり、カジュアルな感じが増します。それでは次に各動詞の意味の特徴を解説します。

seem（〜のように見える）

「これは事実である」と述べるのではなく、「こうだと感じられる・思える」というふうに、「あくまで思っているだけだ。これが事実だとまでは断言していない。」という姿勢を表す表現です。

断言を避けるという意味で便利な表現ですね。

例 It seems that he is making a big thing out of it.
He seems to be making a big thing out of it.

訳 「どうやら彼はそれを大ごとにしようとしているようだね。」
→ make a big thing out of A：A を大ごとにする（直訳：A から 1 つの大きなものを取り出す形を作る）

上記の例文でも、He is making a big thing out of it. と断言するよりも、「そんな感じがする」という柔らかさを感じられる表現です。

be said（〜だと言われている）

😊 次にbe said（〜だと言われている）です。これは主に「噂話」「伝聞」を表します。「〜だと言われている」ということは、誰が言っているのかには具体的に触れないわけで、言動の責任を取らないで済む、という意味で便利な表現です。

例 It is said that he wanted to accept the offer.
He is said to have wanted to accept the offer.

訳 「彼はその申し出を受け入れたがっていたと言われている。」

🙂 これは後ろの動詞（ここではwant）が過去形になるのが一般的なのですか？

😊 いいところに気づきました。噂話というのは、過去に起きたことについていろいろ言われることが多いので、is saidが現在形で、そのあとの動詞は過去形、という形がよくあります。ですからto不定詞にする場合は「to have 過去分詞」です。もちろん現在進行中の内容が噂になっている時にはis saidもその後の動詞も現在形というケースもあります。

例 It is said that she is the richest woman in the country.
She is said to be the richest woman in the country.

訳 「彼女はこの国で一番の金持ちだと言われている。」

be believed/thought（〜だと考えられている）

😊 be believedはbe thoughtよりは強く考えられていることを表します。

🙂 be believedは「〜だと信じられている」という意味ではなく、「〜だと考えられている」という感じなのですか？

😊 日本語の「信じる」だと、「迷信を信じる」「狐は神の使いだと信じられ

ている」のように、根拠もなくそう信じられている感じがします。もちろんbelieveにもそういう意味の側面はあるのですが、it is believed thatや、その変形版のS is believed to 不定詞でのbelieveは、「100%確実とは言えないが、ある程度の根拠があってそう考えられている」というニュアンスがあります。そういう意味で、**推測の意味が若干強くなる** be thought よりも、**be believed は確信度合いが高いと言えます。**

例 It is believed that this castle was built in the 16th century.

This castle is believed to have been built in the 16th century.

訳 「この城は16世紀に建てられたと考えられている。」

→ 伝承や、記録、建築様式など、ある程度の根拠に基づいて推測されている。

例 It is thought that the attackers are members of the terrorist group.

The attackers are thought to be members of the terrorist group.

訳 「襲撃者たちは、そのテログループのメンバーだと考えられている。」

→ believeに比べると、根拠はしっかりしていない。直感的にそう思うことも含む。

be reported（〜だと報告・報道されている）

これも自分で直接見たわけではない、という意味で、一種の伝聞表現です。

例 It is reported that more than 4 billion plastic bags are dumped every year.

More than 4 billion plastic bags are reported to be dumped every year.

訳 「毎年40億枚以上のビニール袋が捨てられていると報告されている。」

be likely（おそらく～になる）

likelyは「実現する可能性が高い」というのがその意味です。元になったlikeという言葉は語源的には「共通の形を持つ」という意味で、そこから「同じ形→似ている・～のような」という形容詞の意味が生まれ、「同じもの、近いものに親近感を覚える」というところから動詞の「好む」という意味が出たと推測されています。そういった出自から、likelyは「現実と、予想が近い」＝「実現する可能性が高い」という意味が生まれたのでしょう。使われ方にははっきりした傾向があり、コーパス（Corpus of Contemporary American English：以下COCA）によれば、it is likely thatに比べて、S is likely to 不定詞の方が10倍多く使われます。

例 It is likely that the United States will send a probe to Mars again.
The United States is likely to send a probe to Mars again.

訳 「米国は、おそらく再び火星に探査機を送り込むだろう。」
→ 未来の実現可能性のことを述べるのが普通なので、it is likely that の節の中ではwill が使われることが多い。to不定詞は「これから～することに向かう」という意味を持つことに注意。

とにかく現在形を使う

「説得の英語」で使われる時制

説得の英語は、とにもかくにも現在形

現在形は「今」というよりは、「いつもそうだよ」ということを表すための時制です。これまでに出てきたボディパラグラフを例として見てみましょう。

Working from home **is** better than working at the office because companies can hire more skilled workers. Working from home **makes** it easier for some people to join the workforce. It **is** especially difficult for women raising children and handicapped people to work at the office. It **is** regrettable for companies to lose those skilled workers just because they cannot work at the office. Allowing those people to work from home will benefit more companies, and this will boost our economy. Since companies can hire more skilled workers, working from home **is** better than working at the office.

ほとんどすべて、現在形ですね。これは偶然なのですか？

エッセイライティングなど、人を説得していくことを目的とした文章は、必然的に現在形が中心になります。意見とその理由を述べる時に、「いつもこうだ。普通こうなる。だからこうすべきだ。」という文脈になるのが普通で、したがって、**現在形は「説得する英語」で最もスタンダードな時制**だと言えます。

上の文章でも現在形の動詞以外は助動詞を使っていますね。

助動詞は、普通の動詞の現在形とはニュアンスが異なり、「事実ではなく思っているだけのこと」を表します。つまり話者の「予想・判断・意見」を表す時に使われます。これは次項の、助動詞の項でまた詳しく説明します。

「説得する英語」では過去形は使わないのですか？

もちろん使うときはありますが、現在形の出現頻度と比べると、極端に少ないです。使うとすれば、現在の状況との対比のために使ったり、過去のデータを扱ったりするときに使うくらいです。つまり、**過去形は説得に必要なデータの吟味を行う時に使われる時制**だと言えます。

例 The world's car production plunged by 20 % in March.
訳 「世界の自動車生産は3月には20%落ち込んだ。」

なぜ過去形は出番がそんなに少ないのですか？

過去形は物語など、過去に起きた事の顛末を語るときに使うのがその典型です。しかし、「説得する英語」というのは「世間や身の回りに現在存在する問題」を扱うのが一般的で、「今現在、いつもこうですよね」ということを語る現在形を使うのが普通なのです。

現在形以外によく使う時制

現在形以外によく使う時制はないのですか？

現在形に比べれば出番は少ないですが、現在完了もよく使われます。「過去から今に至るまでの変化」、あるいは「過去から今に至るまでずっと続いている状況」を表すために使うのが一般的です。

例 The graph shows how the global average temperature has changed since 1800.

訳 「グラフは、1800年以降の世界の平均気温の変化を示している。」

→ 直訳：グラフは、1800年以来世界の平均気温が（今に至るまで）どう変化してきたかを示している。

例 The discrimination that existed 20 years ago has persisted into the present.

訳 「20年前にあった差別が現在になってもなお続いている。」

→ 現在形の「いつもそうだ」は、いつからいつまでなのか、という「時間の切り取り」がないが、現在完了は、「過去のある点から今に至るまで」という時間の切り取り、期間の区切りがあるのが特徴。

👤 **現在完了と過去形との違い**は？

😊 英語の過去形というのは「あの時のことであって、今は関係ない」という意味です。つまり、現在とのつながりはないわけですが、現在完了はhave（今抱えている）という言葉が使われていることで分かる通り、「過去から現在に至るまで抱えている状況」という、「過去と今のつながり」がその意味です。

例 I saw him yesterday.

訳 「昨日彼に会った。」

→ 昨日のことであり、今は関係ない

例 I have seen him twice.

訳 「彼には2度会ったことがある。」

→ 生まれてから今にいたるまでの時間の中で、彼にあったという経験を2回持っている。（「今の私がそういう経験を持っている」という感覚がある）

👤 **現在完了と現在完了進行形との違い**もよくわからないのですが。

😊 現在完了も、現在完了進行形も、「過去から今に至るまでの変化」を表すという点では同じです。しかし、進行形というのは「動作の途中」、

別の言い方をすれば「まだ終わっていない・未完了」を表すわけで、現在完了進行形なら「過去から今に至るまで、変化し続けている最中で、その変化はまだ途中であり、終わっていない、これからも続く」という意味を出します。

例 China's economy has been growing dramatically since the 1980s.

訳 「中国の経済は1980年代以降劇的に成長している。」

→ 80年代以降成長している最中の状態が今に至るまで続いており、なおかつ現在もまだ成長は終わっていないし、これからも続くであろう。これがhas grownだと「現在に至るまで成長してきた。」というだけで、「これからも成長が続く」とは言っていない。

現在進行形と現在完了進行形との違いは？

現在形と現在完了との違いでも出ましたが、**「時間の切り取り」の有無**です。現在進行形は、「今まさにある動作の途中・最中」であるということだけを表しますが、現在完了進行形は「いつから動作の途中・最中がずっと続いているのか」を表す形式です。

例 He is reading a book.

訳 「彼は（今）本を読んでいる（最中・途中だ）。」

→ 今だけの話。いつからなのかは触れない。

例 He has been reading a book since he woke up.

訳 「彼は起きてから（今に至るまで）ずっと本を読んでいる（最中・途中の状態が続いている）。」

→「起きてから今に至るまで」という時間の切り取りがある。

最後にもう1つ。**過去完了**は使わないのですか？

レポートやエッセイライティングでは、ほとんどないと言っていいでしょう。しかし、可能性がゼロというわけではありません。要点を述べておきます。過去完了は「その時にはもう、〜という状態を抱えていた」

ということを表す形式です。

「過去の1つ前」ではないのですか？

「その時にはもう」という感覚がなければ、過去完了ではなく過去形を
使うのが普通です。

例 They arrived at the station after the last train left.

訳 「彼らは最終電車が出た後に駅に着いた。」
→ どちらの動詞も過去形。「その時にはもう」という感覚がない表現。

例 The last train had left when they arrived at the station.

訳 「彼らが駅に着いた時には最終電車は出てしまっていた。」
→「駅に着いた時にはもう」という感覚を表す。

なるほど、同じ状況でも捉え方の違いで過去完了を使うかどうかが決ま
るのですね。

レポートや、プレゼンなど「説得の英語」では、過去形と同様、過去完
了もデータの吟味に使う表現ですね。

例 The subjects who had received the vaccine were excluded from
the study.

訳 「すでにワクチンを受けていた被験者たちは、その調査からは外された。」
→ その時にはもうワクチンを受けていた被験者、という意味で過去完了を使っている。

まとめ

☑ レポート、プレゼン、エッセイライティングなど、「説得の英語」で使う
時制は現在形が一番よく使われ、その役割は「普段いつもこうである」と
いう事実を表すことにある。

☑ 2番目に使われるのが現在完了で、「過去のある時点から現在に至るまで
の変化」という、時間の切り取りを表す。

☑ 現在進行形は「今何かをしている最中・途中であり、まだ終わっていない」
ことを表し、現在完了進行形は「過去のある時点から現在に至るまで、何
かをしている最中の状態がずっと続いており、これからもまだ続く」こと
を表す。過去形と過去完了は、データの吟味に使う時制で、「説得の英語」
ではあまり出番はない。

☑ 過去完了は「過去の1つ前」というよりは「そのときにはもう、〜という
状況を抱えていた」ことを表す。

意見・予想・判断は助動詞で

事実なのか、思っているだけなのか

前項で、「現実はいつもこうだ」という「事実」を述べるのに現在形を使う、と述べました。説得の話はほとんどの場合、「事実がこうなので、こうするべきだと思う」という組み立てになります。「こうするべきだと思う」、つまり「意見」のところに使われるのが助動詞です。助動詞を学習するにあたって、そもそも助動詞とは何のために使うのか、ということへの了解が大切です。

意見は助動詞で、ということなのですか。

そうです。もっと言うと、**助動詞は意見、予想、判断、つまり「話者が心の中で思っていること」を表すための言葉**です。

外の世界のいつもの事実が現在形で表され、心の中の思いが助動詞で表される、という対照的な関係があるのですね。

そうです。前項で見た、ボディパラグラフのサンプルをもう一度見てみましょう。今回は助動詞に注目してください。

Working from home is better than working at the office because companies **can** hire more skilled workers. Working from home makes it easier for some people to join the workforce. It is especially difficult for women raising children and handicapped people to work at the office. It is regrettable for companies to lose those skilled workers just because they **cannot** work at the office. Allowing those people to work from home **will** benefit more companies, and this **will** boost our economy. Since companies **can** hire more skilled workers, working from home is better than working at the office.

🙂 ここでは can と will が使われていますね。

😀 can は「実行を妨げるものが何もない」というのが根っこの意味で、companies can hire more skilled workers なら「企業がより多くの有能な人材を雇うことを妨げるものは何もない＝雇おうと**思えば雇える**」ということを意味します。「実際に雇っている」という事実を表すわけではなく、あくまで「雇おうと**思えば雇える**」という思いを表しています。

🙂 では cannot は「妨げる事情がある」というところから、「やろうと思ってもできない」という意味になるわけですか。

😀 そうです。本文中の cannot work at the office も「オフィスでは働かない」という事実を表しているのではなく、「(事情のせいで) 働こうと思っても働けない」、ということを表しています。

🙂 単なる事実とは少し違ってくるんですね。

😀 次に will ですが、will を単に「未来」と考えるのはよくありません。

🙂 そうなんですか。

😀 will の根っこの意味は **「心が揺れてパタンと傾くこと」** です。そこから「よし、〜しよう＝〜するつもり」という意志の意味と、「〜なるだろうなという判断＝〜だろう」という予想の意味が生まれます。**意志の意味は主に主語が一人称の時に起きます。それ以外の人称が主語の場合、will は主に予想の意味で使われます。**

🙂 なぜそうなるのですか？

😀 自分の意志は、自分にしかわからないでしょう？
他人の気持ちは予想するしかありません。

だから、一人称以外の主語の場合は、willは主に「予想」の意味で解釈されるのですか。

そういうことです。「意志」は未来の行動に対する意思決定ですし、「予想」は未来に関することですから、willは結果的に未来を表すことが多いですが、willが表す未来が「どういう未来」を意味するのかといえば、その本質は**「意志と予想」**なのです。

うん、漠然と「未来だからwill」というより、遥かにわかりやすいですね。

ここではAllowing those people to work from home **will** benefit more companies という文でwillは「それらの人々を自宅勤務させてあげることが、より多くの会社に恩恵を与えるだろう」という「予想」の意味で使われていますし、そのあとのthis **will** boost our economy も、「このおかげで経済が発展するだろう」という筆者の予想を表しています。

こういう原因がこういう結果をもたらすだろう、という筆者の予想を表すのですね。「will＝未来」という呪縛から離れると、willの使い方もしっくりきますね。

もし助動詞を使わなければ、「こういう原因は、いつもこういう結果をもたらす」という、いつも起きる事実の話になります。もちろんそれを表したいなら助動詞は使う必要はありません。ですから、こうした文を作る際には、「いつも起きる事実なのか、それともそうなると自分で思っているだけなのか」を自問自答して助動詞の使用を判断するべきですね。

willとmayの違い

willが、単に未来だから使われるのではなく、意志と予想を表すのなら、mayとの区別がわかりにくくなるなぁ。

そうですね。willの「〜だろうなぁ（予想）」と、mayの「〜かもしれない（推測）」の違いは、確かに日本語訳の字面だけみると、ニュアンスの違いがわかりにくいと思います。しかし両者には重要な違いがあります。

どういう違いですか？

すでに will は「心が揺れて、パタンと傾く」ことだと述べました。パタンと傾く、ということは「心が決まる」と言い換えることができます。意志なら「よし、やろう」と決定することですし、予想なら「こうなるだろうな」と判断が決まるということです。

may だとどうなるのですか？

「心が決まらない」という意味になります。つまり、心が「揺れっぱなし」になるのです。may というのは**「自分の言動に責任が持てない」**ということを表す時に出てきます。大阪弁で言う「かもしれへんよ、知らんけど」という感じです。

例 An increasing amount of carbon dioxide accelerates global warming.

訳 「増大する二酸化炭素により、地球温暖化は加速する。」
　→ 助動詞がなければ、科学法則のように事実としてそうなることを表す。

例 An increasing amount of carbon dioxide will accelerate global warming.

訳 「増大する二酸化炭素により、地球温暖化は加速するだろう。」
　→ will は本当にそうなるだろうと思う話者の予想を表す。

例 An increasing amount of carbon dioxide may accelerate global warming.

訳 「増大する二酸化炭素により、地球温暖化は加速するかもしれない。」
　→ may だと、「そうなるかもしれないよ、わからないけれど」という、根拠はないけどそう思う、という気持ちを表す。

すでに「できる」「できない」を表す可能・能力のcanは説明しましたが、可能・能力の用法での過去を表すcouldには注意が必要です。過去の時点で何かができた、という意味でcouldを使う時は**「実際にやったかどうかは別にして、やろうと思えばできるだけの能力を持っていた」**ということを表します。一方で「実際にやってみて、成功した」という意味での「できた」は、was/were able toを使います。

Kate could swim across the river when she was ten.

「10歳の時に、ケイトはその川を泳いで渡ることができた。」

→ 泳いで渡れるだけの能力を持っていた、という話である、具体的にこの時やってみたらできた、という話をしているのではない。

Kate was able to (~~could~~) swim across the river for the first time when she was ten.

「10歳の時に、ケイトは初めてその川を泳いで渡ることができた。」

→ 具体的に、その時に初めて成功した、という話。こういう場合 could は使えない。

この差は過去の話の時に出てくるのですよね。

そうです。ちなみに、否定文にすると、過去形であっても意味に差はなくなります。「やろうと思ってもその能力がなかった」「やってみたが失敗した」は結局どちらも「できなかった」という意味に包含されます。

可能性を表す can と could の違い

canの用法にはもう1つ、「ありうる」と訳される、可能性に対する判断を表す用法があります。この場合、canとcouldはどちらも時制としては現在を意味します。

では両者の違いは何なのですか?

😊 can は**「一般論としての可能性」**を表すのに対して、couldが**「個別の具体的な事例に対する可能性」**を表します。

例 You have to be careful after you hit your head hard. You <u>can</u> die from the delayed effects of a concussion.

訳 「頭を強く打った後は気をつけたほうがいい。脳震盪の後遺症で死ぬことだってあるんだ。」
　　→ 世間一般で見られる、物事の可能性を can が表す。「世の中にはそういうことだってあるんだ」という感じ。

例 This <u>could</u> make a big difference in the fight to slow climate change.

訳 「気候変動を鈍化させる闘いにおいて、これは大きな違いを生み出す可能性がある。」
　　→「これ」という具体的なことが持つ、実現の可能性の話。「世の中にはそういうことだってあるんだ」という話ではないので、こういう時には <u>can</u> は使えない。

その他の助動詞の用法と仮定法の実践的用法

第12項

思っているだけの世界

「しなければいけない」や「するべきだ」は主語がポイント

😀 助動詞は意見、評価、判断という心の中の思いを表すわけですよね。意見といえば、やはり「しなければならない」とか、「するべきだ」というのが定番ですよね。

😁 そうですね。典型的に使われるのは should, must, have to などです。**説得の英語ではこうした助動詞の主語をどうするか、がポイントになります。** you が主語だと、「私ではなく、あなた（たち）がやるのだ」と聞こえてしまい、説得力にかけます。「私たち皆でやろう」というのが呼びかけとしてはふさわしく、we を主語にするのが効果的でしょう。

例 We have to wear a mask in public spaces to protect ourselves from infection.

訳 「感染から自身を守るため、我々は公共の場ではマスクを着用しなくてはならない。」

話し手でも聞き手でもない第三者が何かをする必要があると言いたいなら、they などの三人称を使います。例としては政府や企業、企業内の部署などがあります。

例 The government must improve the business environment as well.

訳 「政府はビジネスの環境も改善していかなければならない。」

あるいは「〜されなければいけない」という受動態を使い、「誰がやるべきなのか」にはあえて言及しないという言い方も便利です。受動態というのは主語が消えることで「責任に触れない」表現になる、という特徴があります。

例 Only essential trips <u>should be made</u> at this period of pandemic.

訳 「この（感染症の）世界的な流行期においては、必要不可欠な旅行のみが行われるべきだ。」

😊 それぞれの助動詞のイメージですが、shouldはいいとして、mustとhave toの違いがどうもピンときません。

😄 **mustには「絶対にそれ、やらなきゃだめだよ！」という話者の感情**が表れます。一方で**have toは「ある状況を抱えている（have）から、やらないとしょうがないよね」という、「状況のせい」という感覚**が表れます。

😊 では、have toは状況のせいにできるのであまり角が立ちませんね。

😄 そのせいでコーパス（COCA）での使用例数をみると、いつでもhave toがmustよりも5〜6倍多く使われています。mustには「絶対に私の言うことをきかせてやる」という意志が現れるわけで、覚悟がないと使いにくいのでしょう。

「思っているだけ」がさらに強まるのが仮定法

😄 さて、このように助動詞は、心の中の思いを表すためにあるのですが、ここに加えることで「かけ算」的な効果を表す表現形式があります。それが**仮定法**です。

😊 仮定法か……。形は覚えています。仮定法過去だと

<u>If＋主語＋動詞の過去形～</u>, <u>主語＋助動詞の過去形＋動詞原形～</u>.
　　　　if節　　　　　　　　　　　　　　帰結節

で、「今実際にはそうではないけれど、仮に～だとしたら、～するだろうな」という意味になり、仮定法過去完了なら

<u>If＋主語＋had＋過去分詞～</u>, <u>主語＋助動詞の過去形＋have＋過去分詞～</u>.
　　　　if節　　　　　　　　　　　　　　　　　帰結節

で、「あの時実際にはそうしなかったけれど、仮に～だったら、～していただろうな」という意味ですね？

そうです。「事実じゃないよ、想像でものを言っているんだよ」という意味で助動詞と似たところがあります。仮定法といえばif節というイメージがありますが、実際には仮定法というのは「動詞の活用のしかた」のことです。仮定法という動詞の活用を通して「これは実際には起きていない、想像上の話だよ」と宣言します。実際に起きていることは直説法、つまり普通の動詞の活用形で表されます。「説得の英語」の得意技、原因を主語にする構文を使うと、if節を使わなくても仮定法の文を作ることができるので便利ですよ。

例 Replacing all gasoline cars with electric cars right now would have a significant impact on global climate change, but this does not seem realistic.

訳 「今すぐ全てのガソリン車を電気自動車に替えれば地球規模の気候変動に対してかなりの影響を与える<u>だろうが</u>、これは現実的とは言えない。」

なるほど、仮定法過去の帰結節だけで文が作れていますね。原因を主語にすると、主語がif節と同じ意味的働きをするのですね。

そうです。もちろんif節を使って、

82

If we replaced all gasoline cars with electric cars right now, it would have a significant ....

とやっても同じことですが、原因を主語にすることに慣れておけば、帰結節だけで十分仮定法の文は作れますし、スマートな印象を与えやすくなります。**文脈上、if節を使わなくても十分に意味が伝わる場合はよくあり、皆さんには帰結節中心の仮定法をどんどん使って欲しいですね。**

例 This means that we could have done a lot of things at that point to prevent the accident from happening.

訳 「このことは、事故の発生を防ぐために、その時点で我々には多くのことができていたはずだ、ということを意味している。」

　　→ 実際にはやらなかったが、という仮定法過去完了

suggest, recommend の目的語の that 節内の仮定法現在

😀 さて、最後に仮定法を使った **「相手に要求・提案をする表現」** を紹介します。例えば、商談相手や顧客など、外部の人間に要求や提案をする時に使う表現です。

🙂 丁寧さや礼儀正しさは守りつつ、こちらの要求はきちんと伝える表現ですね。

😀 ここでは仮定法現在と呼ばれるものを使います。**仮定法過去**は「今実際にそうではないけれど、仮にもしそうだとしたら」、**仮定法過去完了**は「あの時実際にはそうではなかったけれど、仮にもしあの時そうだったら」です。そして**仮定法現在**は、「今実際にそうではないけれど、これからこうしてね」ということを表します。

🙂 これから、という未来志向がポイントですね。

😀 はい。suggest（してみるのはいかがでしょうか）、recommend（することをお薦めします）、demand（することを要求いたします）など「こ

れからやろうよ」ということを表す動詞の後にくる、要求の内容を表す that節内の動詞に使うのが、**仮定法現在の動詞**です。

例 We would suggest that we <u>make</u> an appointment to talk about the next steps.

訳 「次の段階について話し合いをするために打ち合わせの日程を決めてはいかがでしょうか。」

😊 この例文ではmakeの動詞活用が仮定法現在ですか。

😄 そうです。このmakeは動詞の原形です。仮定法現在は動詞の原形を使います。「これからこうしてね」が仮定法現在ですから、「これからmakeしましょう」という気持ちを表しています。この動詞の原形は命令文の親戚みたいな気持ちで捉えるとわかりやすいでしょう。

😊 これはshould makeのshouldが省略されたものですか？

😄 歴史的に見るとそれは違います。もともと仮定法現在（ここではshould makeではなく、ただの原形のmake）が使われていたのが、その後にイギリスではそれが廃れて助動詞のshould＋原形が使われるようになりました。「やれよ・やろうよ」という動詞の「やるべき内容」を表すthat節の中なのでshouldを使うようになったのですね。ところがアメリカ英語ではそのような変化が起きずに仮定法現在はそのまま保存され、現在に残ったのです。

😊 だからイギリス英語ではshould＋原形が多く使われ、アメリカ英語では動詞の原形が使われるのですね。

😄 **仮定法も助動詞もどちらも「思っているだけのこと」を表す表現**です。動詞の複雑な活用を伴わない助動詞の方が簡単に使えるので、近代になるほど助動詞の表現が増え、結果として仮定法が廃れる一因になっています。

84

以下の文を読み、問題に答えよ。

　Eating out is better because it is entertaining. Dining out is not just about eating, but enjoying a fun event. (1)(exciting,　at a,　restaurant,　it,　to, popular,　is,　eat) like one you have seen on YouTube or TV, and I am sure you (2)<u>will</u> take some photos and post them on social media to show your friends (3)<u>how nice the place is</u>. Also, eating something you (4)　<u>may</u> not be able to make for yourself is a great experience. Fun events like this are essential to enriching your life. Since it is entertaining, dining out is better than eating at home.

　Eating out is better because it boosts the economy. The pandemic (5)<u>has shown</u> us how much eating out contributes to the economy. People (5)　<u>have been discouraged</u> from going out and eating with friends or business clients. (6)<u>This has forced many restaurants to go out of business</u>. This shows us that eating out is not just fun, but also very important for the economy. When the pandemic (7)<u>has been</u> over for some time, we should dine out more often to help the economy. Since it helps the economy, dining out is better than eating at home.

　Eating out is better because knowing a lot of good restaurants can help when entertaining business clients. The better the restaurant is, the better time your clients will have. This will help you be successful in building better business relations with them. Eating out often is a good way to increase the number of good restaurants you know. Since knowing a lot of good restaurants can help when entertaining business clients, dining out is better than eating at home.

1. (1) のカッコ内の文を並べ替えて、仮主語を使った、第 2 文型の評価を表す文を作れ。

2. will という言葉は機械的に未来を表す言葉ではない。下線部（2）の will は何を表しているか。I am sure という表現に留意して説明せよ。

3. 下線部（3）は第 2 文型である。主語、動詞、補語を指摘せよ。また、この第 2 文型の文は、定義を表しているのか、評価を表しているのか、どちらなのかを答えよ。

4. 下線部（4）の may は筆者のどのような態度を表しているか。

5. 下線部（5）の has shown や have been discouraged といった現在完了は動作のどのような時間的流れを表そうとしているのか、答えよ。

6. 下線部（6）を分析し、「原因」は何で、「結果」が何か、下線部（6）の文からそれぞれ抜き出せ。また this が指している内容を本文中から正確に抜き出せ。

7. 下線部（7）はなぜ現在完了になっているのか、説明せよ。

解答例と解説

1. it is exciting to eat at a popular restaurant　仮主語を使った第 2 文型であり、なおかつ評価を表す文なので、「it is ＋ 評価を表す形容詞 ＋ it の内容を詳しく表す [to 不定詞句 /that 節]」という構文を予想する。選択肢を見ると that 節ではなく、to 不定詞を使うことがわかる。

2. ここでの will は「予想」を表す。I am sure は「きっとそうだ」という話者の予想を表す表現である。したがってその後にくる that 節に予想を表す will が使われている。

3. the place が主語、is が動詞、how nice が補語である。how は「very の生まれ変わり」とでも言える使い方をされる言葉。the place is very nice という文の very nice（とても素敵）が how nice（何と素敵）になり強調されるので、「言いたいことから先にいう」という英語の語順の原則が働き how nice が文頭に出てくる。その結果、how nice the place is となる。この文は how nice によって評価を表している。

4. may によって、筆者による「自身の言動に責任を持たない」という態度を表している。具体的に言えば「あなたが作れない料理があるかどうかは、私は知らないが」という気持ち。

5. 過去のある点から現在に至るまで、「示している」「やる気を削がれている」状態が続いていることを表す。例えば show は現在形なら「いつも示している」という状態動詞的な意味を表すが、状態動詞が現在完了になると継続用法として使われ、「過去のある時点から現在に至るまでずっとある状態が続いている」という意味に

なる。現在形だと「いつからいつまでなのか」という指定がない、漠然とした「いつもそう」だが、現在完了の継続用法だと「過去のある時点から現在に至るまでずっと」という「時間の切り取り」を意味する。

6. 他動詞構文は「主語」が原因で、「動詞＋目的語〜」が結果を表す。ここでは this が原因で、has forced many restaurants to go out of business が結果である。this は直前の節、つまり S ＋ V 〜を指すのが普通であり、ここでは直前の文（単一の節で構成されている）である People have been discouraged from going out and eating with friends or business clients. を指している。

7. 時・条件を表す副詞節の述語部分が、finish や be over などの「終わる、完了する」イメージを持つ場合、現在完了を使うのが一般的。「〜ということが終われば、完了すれば」ということは「〜という動作が完了した後の状態になったら」ということを意味し、「終わった瞬間」より「終わった後の状態」を表そうとするため、現在完了になる。finish や be over ほどあからさまでなくても、When you have cleaned your room, I'll make you dinner.（部屋を掃除したら、夕食を作ってあげるよ）のように、暗に「〜し終わる」イメージを伴う場合は、現在完了で表される。

第3章
名詞の可算不可算とaの持つ意味

　この章では、名詞に関わる英文法について学びます。主に、可算名詞・不可算名詞、冠詞aをとりあげました。一見、説得には関わりないように見えますが、説得以前に必要な「正確に意味が伝わる英語」を生み出すのに必要な知識群です。

　日本語には冠詞がないため、これらについては特に日本人が苦手にするところです。日本語話者に比べ英語話者が、どれくらい「形」に注意を払っているのかを意識して捉えることで、英語ネイティブの「世界の見え方」がわかります。本章を読み進めていけば、例えば「可算名詞で単数だからaを付けないといけない」という無味乾燥なルールとは違った、ものの見え方を表現するためのaの使い方がわかってきます。

　大切なのは「とにかくルールを覚える」という姿勢ではなく、「英語らしい物の見方を身につける」という姿勢です。そうすれば結果的に多くのルールを使いこなすことにつながります。

英語話者は「モノ」の何を見ているのか

私たちが思う以上に彼らは「形」にこだわる

日本語を母語とする人間も、英語を母語とする人間も、同じ人間で、体や神経の仕組みも同じです。ですから違う言語の話者といえども全く違う世界を見ているわけではありません。

とは言っても、英語の可算名詞とか不可算名詞の説明を見ていると、「この人たち、いったんどんなふうに世界が見えているんだろう」って思ってしまいます。

可算名詞と不可算名詞の区別は人間が5歳までに身につけると言われている認知能力が元になっています。ですから、5歳以上の人間なら、だれでも基本的な仕組みは理解できます。

そうなんですか？

人間というのは5歳を過ぎた辺りから、モノ、言語で言えば名詞に相当するものを2通りの見方で認識することがわかっています。1つは**「形」**として認識する、もう1つは**「材質・性質」**として認識する、です。

どういうことでしょう。

例えば、机やコップをバラバラの破片にして、その破片を見て「これは机だ」「これはコップだ」と認識しますか？

しないですね。

つまり、机やコップの「形」をしているから、それを机だ、コップだ、と認識できるわけです。そうかと思えば「材質・性質」としてモノを認識している場合もあります。例えば、

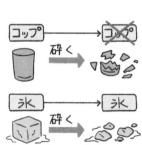

氷を砕いて、氷の破片を見てそれを「氷」だと認識しますか？

しますね。氷はいくら砕いてもやっぱり氷です。

ですよね。砂糖の山をいくつかに小分けして、分けた砂糖のかたまりを「砂糖」だと認識しますか？

します。

つまり、これって、「これ以上崩したらもはや氷と呼べない、砂糖と呼べない」というような**「形」が存在していない**ことになります。

つまり「形」では見ていないと？

そうです、形ではなく「氷や砂糖という材質・性質のもの」として認識しているわけです。**材質の大きな特徴は、どこを取ってみても同じ、という「同質性」です**。氷はどこを割っても氷だし、砂糖をどこで分けても、砂糖ですね。このように、

> ✎ 人間はモノを「形の仲間」「材質・性質」の仲間の２つに分けて認識している
> ✎ 英語でいう「１個」の正体は「それ以上崩したら、それと呼べなくなる形」のこと

ということなのです。

すると、「形」として認識する物体には「１個」が存在する、ということですね。だから「数えられる名詞」だと。ところが、「材質・性質」で認識するモノは、氷や砂糖のようにいくら崩しても氷は氷、砂糖は砂糖、という同質性を示し、「それ以上崩してはいけない」という形が存在しないから、「１個」も存在しない、つまり、それが「数えられない」ということなのですね？

その通りです。では次の問題を考えてみてください。

日本語でパン1個、チョコレート1枚、チョークは1本と言えますが、英語ではこれらは「数えられない名詞」です。その理由を説明しなさい。

😊 これはわかります。チョコレートを割って、そのかけらをチョコレートだと呼ぶことができます。チョークやクレヨンを折ったその破片を、やはりチョークやクレヨンと呼ぶことができます。つまり、私たちはパンやチョコレート、チョークやクレヨンを形ではなく材質だと認識しているということですね。これらは「それ以上崩したらパンやチョコレートと呼べなくなる形を持っていない」わけだから、「1個」がない、つまり「数えられない」わけですね。

😊 そういうことです。**英語の1個の正体は「それ以上崩してはいけない形」がある**、ということです。そして、その形が「まるごと1つ揃っている」ことを表す言葉があります。それが**冠詞のa/an**です。

😊 aとかanというのは、何か「名詞に付けなきゃいけない」みたいなルールがあって、ものの見方とはあまり関係ないように思っていましたが…。

😊 a/anは、ただ付いているのではありません。意味を表す単語なのです。

2種類の可算名詞

😊 可算名詞には2種類あります。1つは「完全な可算名詞」とでもいえるものです。例えば自動車やパソコンはさまざまな「異なる」部品が集まってできあがっています。一方で、**「形がある間は可算名詞で、崩したら不可算名詞」**というものがあります。例えば、an eggといえば、1つの形が丸ごとある卵を意味します。殻ごととか、茹で卵の丸ごと1個とかですね。ところが卵を割って、スクランブルエッグとかにすると、形が崩れて、どんなに分けても卵、という同質の材質のみがそこにあるわけですから、不可算名詞、つまり（some) eggとなります。

😊 そこが自動車やパソコンとは違うところですね。例えば自動車は形を崩

しても、「どこをとっても自動車」ということにはならないですし。

そういう意味で卵やバナナ、魚など、形を崩したら不可算名詞になってしまうものは自動車のような「純粋な可算名詞」と水や砂糖などの「純粋な不可算名詞」の中間的存在といえます。これら中間的存在の名詞は、**どういう見方をするかで可算にも不可算にもなります。** 形が丸ごと1個そろっていることをa/anが表し、その形が崩れたらa/anも消えてしまうわけです。

a/anが名詞に付く、というよりは、a/an自体が「形が丸ごと1つある」ことを表現しているのですね。「形が丸ごとあるよ」ということをわざわざ言葉にするなんて、英語は「形」にこだわる言語なのですね。

その通りです。では、英語話者が日本語話者に比べて、どれくらい「形」に注意を払っているのか、の一例を見てみましょう。

問題2

以下の英文は一般常識から考えて少し不自然です。どこが不自然かを説明しなさい。

I went to the supermarket and bought a grape and a grapefruit.

どこが不自然かわかりますか？

うーん。

aが表す「形」に注目してください。a grapefruitで、グレープフルーツ1個まるごと、というのは自然です。けれども a grapeが表す「1つの丸ごとの形」というのは、どういう「形」でしょうか？例えばひと房のぶどうから実を2、3粒取り除くと、それはぶどうと呼べますか？

呼べますよ。

そうです。ひと房の形を崩してもまだぶどうと呼べます。つまり「ぶどうひと房」というのは英語

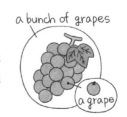

a bunch of grapes

a grape

の可算名詞の「形」ではないことがわかります。

😐 すると……、あ、もしかして、a grape というのはぶどうの実「1個」のことですか？

😀 そうです。ぶどうの実1粒です。ですから、一般的に「ぶどう」というときには grapes で、ひと房のぶどうなら a bunch of grapes です。

😐 ぶどうの実の1粒なんて……そんなところにまで「形」を意識しないなぁ……。

😀 それ、とても大事なポイントです。**言語学者の研究では、日本語話者と英語話者では、英語話者の方が「形」に注意が向きやすいことがわかっています。**可算名詞と不可算名詞の基本的な考えは、人間なら誰でも理解できるのですが、それでも、母語に可算不可算の区別がある言語の話者は、それがない言語の話者に比べて、普段から「形」と「材質・性質」の区別に敏感なのです。

😐 じゃぁ、英語らしい英語をマスターするためには、「形」のあるなしや材質の「同質性」を意識しながら名詞を使う練習をするべきだ、ということなのですね。

😀 そうです。「とにかくルールを覚える」という姿勢ではなく、「英語らしい物の見方を身につける」という姿勢こそが、結果的に多くのルールを使いこなすことにつながります。

aは常に2つの意味を
持っている

なぜ my bicycle は a my bicycle とは言えないのか

👴 ここではaの意味にもう少し詳しく触れていきます。aは2つの意味を持ち、その2つの意味が互いに連動することで、aの使い方が決まってきます。その2つの意味は以下の通りです。

> **1** 形が丸ごと1つそろっていることを意味する。
> **2** 同じカテゴリーのものが無数に入っている抽選箱の中からランダムに1つ取り出すことを意味する。

🧑 先ほどは、an egg が丸ごと1つの卵、ということで、1.の話をしましたね。

👴 そうです。しかし、この1.と2.というのはバラバラではないのです。両者が揃って初めてaが使われます。

問題 1

「私の自転車」を意味する my bicycle がなぜ a my bicycle とは言えないのか、説明しなさい。

🧑 うーん、a my bicycle とは言えない、ということはわかるのですが、なぜか、と言われると……。

👴 自転車を分解した部品を見て「自転車」とは呼べないので、それ以上崩してはいけない形を持つ可算名詞だとわかります。では There is **a bicycle** parked in front of my house.（自転車が1台、私の家の前に停

められている。）の a bicycle は「形が丸ごとある 1 台の自転車」のほかに、何を表そうとしていますか？

うーん、2.の意味からすると、「世の中に無数にある自転車のうちからランダムに取り出した、とある 1 台の自転車」ということですか。

そうです。では、my bicycle に話を移します。これはなぜ a my bicycle とは言えませんか？

そうか。形が丸ごと 1 つある、という意味では a の意味は満たしているけれど、「ランダムに取り出した、とある 1 つの」という意味を満たしていないわけか。

そうですね。my ということは「他の自転車ではなく私の」という限定をしていますから、「なんでもいいから 1 台」というわけにはいかなくなるわけです。

じゃぁ、the と a が一緒に使えないのもそういう理由になりますね。

そうです。**「さっき言ったその」** とか、**「我々が知っているその」という限定をするのが the** ですから、「何でもよいからランダムに 1 つ」というと a と一緒には使えないわけです。

問題 2

あなたは Pochi という名前の犬を飼っています。なぜ I call my dog <u>a Pochi</u>. と言えないのか、説明しなさい。

まず例えば、a chicken と some chicken の違いは説明できますか？

はい。前回の an egg の例と同じように、a chicken なら 1 羽丸ごとの鶏がいる、ということで、some chicken なら a がなくなることで、**形が崩れて鶏肉になっている**ということですよね。

そうです。飼い犬のPochiは生きた1匹の犬ですから、形が丸ごとあって、a Pochiと言ってもよさそうですが、なぜだめなのでしょう？

それは、世の中にPochiが無数には存在しないからですね。Pochiはdogやcatといったカテゴリーを表す名ではない。世の中に無数にいるPochiのうちの、とある1匹のPochiということになってしまうと、おかしいですからね。

よくできました。つまりそれが固有名詞というものです。固有名詞にaが付かない理由がこれでわかりましたね。ちなみに固有名詞にtheが付かない理由も同じです。the Pochiとしてしまうと「ほかのPochiではなく、そのPochi」となってしまい、これもまた、前提としてPochiが他にたくさんいることになってしまいます。では、ここから応用編です。

問題 3

以下の文のTokyoは固有名詞なのにaがついています。その理由を説明しなさい。

Jeff said, "This is a Tokyo that I have never seen."
「『こんな東京は知らなかった。』とジェフは言った。」

あー、なるほど。物理的に存在している東京は世の中に1つしかないけれど、見方によっては東京にはいろんな顔があって、その中の1つをランダムに切り取って取り出した、という意味か。

その通りです。直訳すると、「これは、私が今まで見たことがなかった、とある1つの東京だ」となります。ではこれなら？

This is the Tokyo that I have wanted to see.
「これが私の見たかった東京だ。」

なるほど、これも、無数にある東京の側面のうち、「これこそがその東京」

97

と限定しているわけですね。つまり、theにも「ほかに同じものがいく
つもあるうちの」という前提があるわけだ。

そういうことです。では次に、「初出のa」と呼ばれる用法を考えていき
ましょう。

初出のa

ストーリーなどの中で、**初めて登場する可算名詞にaが付くことを「初
出のa」**と呼びます。以下の例文を見てください。なぜ初登場のものに
はaが付くのか、わかりますか?

例 I was surprised at a cat jumping into my garden. The cat
seemed to look for something, but it ran away as soon as it
noticed me.

訳 「1匹の猫が私の庭に飛び込んできて、私を驚かせた。その猫は何かを探しているよ
うだったが、私に気づくなり、逃げ出した。」

下線部のa catですね。確かにここで初めて物語の中に登場しています
ね。なぜ初めてならaなのか、ですか……。

そうです。aは1.1つの形が丸ごと揃っていることを表し、そして2.同
じカテゴリーのものが無数に入っている抽選箱の中からランダムに1つ
取り出す、という2つの意味を常に持っています。

ここでも生きた猫だから1匹丸ごとの形は持っていますから、1.は満た
していますね。

そうです。そして今回は特に2.の「抽選箱から取り出す」という感覚が
大事になってきます。

どういうことですか?

取り出す、ということは、「今まで何もなかった舞台の上に、1つポンと取り出して、**存在させてやる**」という効果を持つわけです。

なるほど、存在、ということは「登場」ですね。

しかもランダムに1つ出てきたものですから、「なんだかよくわからないが1つ、出てきた」ということです。「何か猫が出てきたよ、何だいあの猫は」という感じですね。

それが「初登場」の意味に使われるというわけですか。

もう少し学習者に重視されてもよいと思うのは、aには「存在」という意味が隠れているということです。例えば、a few は「2、3ある」という意味になるのに、aが消えて few だと「ほとんどない」という意味になりますよね。こんな意味の違いが生まれるのは**aに「存在」の意味があるからだと考えてよいでしょう。

へぇ、そうなんだ！

この初出のaですが、初登場、ということは「今まで知らなかった情報」ということでもあります。つまり、**今まで聞き手が知らなかった新情報を見せたり、話を切り出すときにもaは使われる**のです。there is 構文は新情報の存在物を示す構文ですが、意味上の主語にaの相性がよいのはそのためでもあります。

例 Hey, look over there. There's a man lying on the sofa.
訳 「ねえ、あっちを見てごらん。男の人がソファに寝転がってる。」

こうやって眺めてみると、「可算名詞で単数だからaを付けないといけない」という無味乾燥なルールとは違った、ものの見え方を表現するためのaの使い方が見えてきますね。

複数形とは何か

「猫が増えてきた」をどう解釈するか

基本的な可算名詞と不可算名詞の仕組みがわかると、ルールだから可算名詞に複数形があるというよりは、「**ああ、可算名詞には複数形がないと気持ち悪いなぁ**」という感覚がわかってきます。

おおー、そんな気持ちがわかるといいですね。

ここで「増えてきた」という日本語を通して英語の可算名詞と不可算名詞の違いを実感してみましょう。

日本語を通してですか……是非お願いします。

まず、「川の水かさが増えてきた」という日本語を考えてみてください。どんな映像が浮かびますか?

水の量が増えて、水位が上がっていく、というイメージですね。

その通りです。つまり、容量、容積が増えていく、大きくなっていくイメージですね。では次に、「最近、この辺りは猫が増えてきた」という日本語を考えてみてください。水と同じように、量が増えて、1匹の猫が巨大化していきますか?

もちろんそんなことはありません。猫が何匹も、ということですよね。

ここに可算名詞と不可算名詞の違い、そして複数形の必要性というのが隠れています。ラネカー(R. W. Langacker)という学者は不可算名詞の大きな特徴として、「同質性」のほかに、**「拡張と収縮」**の性質を挙げています。

水は増えても減っても大きくなったり小さくなったりするだけで、1つのかたまりであることには変わりありません。つまりwaterのままです。**これが不可算名詞に複数形がない理由**だと考えられます。

では可算名詞は？

ラネカーは可算名詞の特徴として**「複製性」**を挙げています。猫は増えるといっても体積が増すのではなく、数が増える。つまり、複製されていくわけです。これを表すのがcatsという複数形です。同じ増えるといっても可算名詞と不可算名詞にはこういう明確な違いがあります。**可算名詞の増え方の特徴である複製性を表すために複数形があると考えてよいでしょう。**

なるほど。それはわかりますが、でも、チョークやパンのように、不可算名詞だけど、形を複製して増えていくものもありますよね。例えば「チョークが増える」時には、巨大化せずに、数が増えていくはずです。ペンや鉛筆のように。

そうです。とはいえ、既に述べた通り、**チョークやパンには、可算名詞が持つ「これ以上くずしたらチョークやパンと呼べなくなる形」がありません。**つまり我々が目にするチョークやパンのあの形は、可算名詞のいう「形」とは違った、**「便宜上の形」**と考えてよいでしょう。この**「便宜上の形」を表すのがa piece of 〜や、a loaf of 〜などの表現**です。不可算名詞に「仮の形」を与えることで、便宜的に数えられるようにするものです。

a piece of chalkやthree pieces of chalk という表現ですね。なるほど「便宜上の形（piece）」の方が複製されるから、chalkではなく、**pieceの方が複数形になる**んですね。

他には例えば、ビールやお茶などの飲み物に形を与えるのは容器です。ですからa glass of beer とか、two cups of tea といいます。紙は無限に大きくすることができますが、それでは使いにくいですから、実際には便宜的に一定の大きさに切られて使われます。これがa sheet of paperです。ofという前置詞は「全体から、構成要素を一部取り出す」という根っこの意味を持ちますので、**「形のないものに、形を与えて、現実世界に取り出す」**というイメージをもちます。例えばa glass of beerなら無限にあるビールから、グラス1杯分を取り出してこの世に出現させてやる感じです。

☑ ラネカー（R. W. Langacker）1942年〜 アメリカの言語学者。認知文法理論の創設者で、認知言語学の始まりから現在まで第一線で活躍している。

不可算複数形名詞

😀 ここで、ちょっと変わった複数形の名詞を紹介しましょう。不可算名詞の性質を持ちつつ、複数形で表され複数扱いを受けるという名詞たちです。便宜上、ここでは**不可算複数形名詞**と呼びます。

例 groceries（日用雑貨）、leftovers（残り物・食べ残し）、belongings（所持品）、valuables（貴重品）、clothes（衣服）、goods（商品）など

😊 結構お馴染みの単語がありますね。

😀 そうです。でもその性質はちょっと変わっているんですよ。まず、複数形の指示語と共に使い、動詞も複数形の形に一致します。

指示語　　　複数形
例 These clothes are clean.
訳 「これらの服は清潔だ。」

しかし、普通単数形では使いません。

✗ I bought a good.
「商品を1つ買った。」

正確な数字で表すことができません。

102

✕ I bought five groceries.

漠然とした量や数ならオーケーです。

I bought some/a lot of clothes.

😊 確かに変わっていますね。複数形があるのに単数形がないって……。

😐 「a＋単数形」でa grocery とか、a belonging とか（衣服という意味で）a cloth とか、言えない、ということが何を意味しているかわかりますか？

😊 構成するそれぞれに、**1個というはっきりした「形」がない**、ということですか。

😐 素晴らしいですね。その通りです。例えば買い物袋に詰め込まれた雑貨品、洗濯カゴに詰め込まれた衣服、皿に雑多に置かれた昨夜の残り物、テーブルの上に並べた被害者の所持品……。イメージとして、1つ1つの輪郭がぼやけた、雑多な物の集まりという感じがしますよね。ですからfive groceries というような正確な数字で表せない代わりに、some groceries というぼんやりした量では表せるわけです。

😊 確かに。にんじん、キャベツ、醤油瓶、というように1つ1つしっかりと見る感じはないですね。

😐 このように構成する個々の物体の輪郭がどこか溶けてしまっているのが1つの大きな特徴です。でも**一応ぼんやりとでも、複数の物の集まりという感覚は残っているので複数扱いです**。さて、これらの名詞は不可算名詞に近い性質を持っているのですが、どういうところだと思いますか？

😊 そうですね。共通の性質を持った集まり、という意味で、不可算名詞が性質・材質に注目しているのと同じですかね。

😐 いいですね。その通りです。氷がいくら砕いても氷である、と認識する時、人間は氷を「形」で認識するものではなく「材質・性質」で認識する物だと捉えています。雑貨、衣服、残り物、所持品……これらはすべ

て、それらの物が持つ形ではなく、**性質を表す言葉**です。また、例えば groceries なら、1つ1つは卵や、パンや、パックに入った肉とかでしょうが、groceries と言っている限り、捉え方は「どれをとっても日用雑貨」という同質性を持ちます。名詞の可算不可算はあくまで人間の物に対する見方によってできあがるものですが、ベーシックな可算不可算名詞の型にあてはまらないこういった言葉たちも、人間の見方が作り出した言葉なのです。

言葉の気持ちがわかれば、こういう言葉たちに出会っても怖くなくなりますね。

基本的な不可算名詞　その1

furniture や baggage はなぜ不可算名詞なのか

不可算名詞を勉強すると必ず出てくるのが、「家具」を意味するfurnitureや、「荷物」を意味するbaggage、luggageです。

家具の一種であるソファはa sofaだとか、荷物の一種であるスーツケースはa suitcaseという風に数えられるのに、なぜfurnitureとかbaggage、luggageは数えられないなんて言われるのか、さっぱりわかりません。

これにはちゃんとした理由があります。そして、この感覚がわかると他の単語にも応用が効きます。

どういう理由があるのですか?

可算名詞と不可算名詞の区別の基本は「形として捉えるか、性質として捉えるか」です。ソファやスーツケースは形として捉えているので可算名詞なわけです。

確かにソファの残骸や、スーツケースの破片を見て、ソファだとか、スーツケースだとかって認識しませんからね。

では、純粋に「家具」って思い浮かべることができますか? ソファやタンスを思い浮かべちゃダメですよ。家具です。

う〜ん……、無理ですね。

そうです。家具というのは具体的に形があるものではなく、ただの種類名、カテゴリー名です。言ってみれば、「家に備えて、衣食住に役立たせる道具の総称」(『日本国語大辞典』より)で、**形ではなく性質に注目した名称**だということがわかります。前項で説明した「不可算複数形名

105

詞」を思い出してみてください。例えばgroceriesはさまざまな雑貨の集合体ですが、雑貨を構成する具体的な品物たちの輪郭が半分溶けて、複数形という形は残しつつも、スーパーマーケットで買う品物という共通の性質の集まりになっていました。

🙂 furnitureは完全な不可算名詞ですよね。

😄 そうです。複数形の形を持たないので、構成する個々の家具の「形」のイメージは完全に溶けてしまっていると考えてよいでしょう。

🙂 なるほど、では「荷物」を表すbaggageやluggageも、スーツケースや鞄、リュックサックといった個々の「形」が消えて、「荷物」という**性質が優先的に表されている言葉**なのですね。

😄 また、こう見ることもできます。部屋の中にたくさんの家具があるとします。そこから例えばソファやテーブルなどいくつかの家具を取り除いたとします。残った家具を「家具」と呼びますか？ 呼びませんか？

🙂 それは当然、呼びますよ。家具は家具です。

😄 それはつまり、「氷をいくら砕いても氷は氷」という、「性質を元にして結びついている（同質性）」感覚に通じるのですよ。

🙂 そうか。「荷物」も同じですね。空港のバゲッジクレーム（手荷物受取所）のベルトコンベアに並ぶスーツケースや包みからいくつか荷物を取り除いても、その残りはやっぱり荷物ですからね。ああいう場所ではスーツケースっていう形よりも、まとめて全部「荷物」って考えちゃいますね。

😄 つまり、「形」ではなく「性質」として見ているということです。では応用編として、foodとfruitの使い方を考えてみましょう。**日本語話者はライティングで可算不可算に関するミスをよくするのですが、そのランキングでかなり上位にある名詞がfoodとfruitです。**

food?
or
foods?

fruit?
or
fruits?

😊 え、food と fruit って不可算名詞なのですか？

😁 可算で使う時も不可算で使う時もあります。ライティングを添削していると、foodに関しては、foodとすべきところを特に理由もなく、なんとなくfoodsとしてしまう人がかなり見られます。fruitに関しては、日本語の「フルーツ」に引き寄せられて、本来fruitとするところをfruitsとしてしまう人がかなり見られます。しかし、場合によってはfoodsやfruitsの方が自然な場合もありますので、その使い分けの仕方を知っておくべきです。まずはfoodから。

問題

日本語文に照らし合わせて、以下の選択肢のうち、最も自然なものを選べ。

① 「政府は避難民に食料を提供した。」
The government provided refugees with（　　　　　）.

1. food　　　　2. foods　　　　3. a food

② 「おにぎりは日本食です。」
Onigiri is（　　　　　）.

1. Japanese food　　　　2. Japanese foods　　　　3. a Japanese food

😁 それでは1つずつ解説していきます。

😊 ①の「食料」は、2のfoodsですかね。

😁 なぜそう思いました？

😊 なんかいろいろ食べ物が出てくる感じがしたからですね。

😁 そこがポイントです。この文は「いろんな種類の食べ物を提供した」ということを言おうとしているのでしょうか。

😊 そうでは……ないですね。単に「食料・食べ物」と言っているだけですね。

107

その通りです。food は furniture と同じように、漠然と「食料」「食べ物」を表すときには、不可算名詞です。「食用にするもの」という性質に注目して、個々の食べ物の形は思い浮かべないわけです。ですから、単に漠然と「食料・食べ物」という時には food とします。例えば「和食・日本食」という時も Japanese food です。「日本文化の中で食用に提供されているもの」という、性質に注目する不可算名詞です。

例 I love Japanese food.
訳 「私は日本食が大好きです。」

もし I love a Japanese food. と言ったら、どんなふうに聞こえるのですか?

a Japanese food の a によって、抽選箱から何か1つ日本食が出てくるわけですから、「私は、**とある日本食**が好きなんです。」と聞こえます。聞き手は思わず、「そうなの? それはどんな日本食なの?」と聞き返すでしょう。つまり「日本食と呼ばれるもの全体」は意味しないわけです。では続いて②に行きましょう。

「おにぎりは日本食です。」か……。さっき日本食は Japanese food と言ったから、1. の Japanese food ですかね。

残念。これは 3. の a Japanese food です。例えば「和食は体にいい」の「和食」のように漠然と日本食全体の話をするなら Japanese food ですが、おにぎりというのは「数ある種類の日本食の中から取り出した、とある1種類の日本食」を指していますから、a Japanese food です。ここが furniture や luggage, baggage とは違うところです。例えば家具なら a piece of furniture とは言っても、a furniture とは言いません。

そうすると選択肢 2. の Japanese foods というのは具体的にいろいろな種類の日本食を思い浮かべながら「日本食」と考えているということですか。

その通りです。

例 Lucy Sato is a third-generation Japanese American, and her knowledge of traditional Japanese foods has been passed down from her mother and grandmother.

訳 「ルーシー・サトーは日系3世のアメリカ人で、彼女の伝統的な日本食の知識は、彼女の母や祖母から受け継がれたものです。」

😊 ああ、これなんかは味噌汁だとか、焼き魚だとか、煮物だとか、いろんなレシピを思い浮かべながらJapanese foodsと言っているわけですね。

😊 その通りですね。さて、foodだけでなく、fruitも同じ仕組みです。漠然と「果物」というカテゴリーを表すときはfruitです。

例 You should eat more fruit.

訳 「もっと果物を食べた方がいいよ。」

例 I'd like to eat some fruit.

訳 「少し果物が食べたいです。」

　一方で個別の果物の種類の話をするときにはa fruit, fruitsとなります。

例 Acai is a Brazilian superfruit that is packed with antioxidants and vitamins.

訳 「アサイーは抗酸化物質とビタミンの詰まった、ブラジルのスーパーフルーツです。」

例 I make it a rule to eat three kinds of fruits a day.

訳 「私は1日に3種類の果物を取ることにしている。」

基本的な不可算名詞　その2

性質に着目すると呼び方が変わる

😀 今回は、不可算名詞が、「ものの性質」に注目した表現だ、ということに関して、もう少し突っ込んで見ていきます。面白いのは、英語の中には同じものを指していても、捉え方の違いによって違う単語になる場合が結構あるということです。

🙂 例えば何でしょうか？

😀 例えば木ですが、1本丸ごとの木の形を捉えればa treeという可算名詞で呼び、それを切り出して、木という性質を持ったもの、つまり木材として捉えればwoodという不可算名詞で呼びます。

例 He cut down some trees.

訳 「彼は何本かの木を切り倒した。」

trees

例 This table is made of wood.

訳 「このテーブルは木製だ。」

wood

とある機械1台丸ごとの形を捉えればa machineという可算名詞ですが、機械類、機具類として性質を意識し、個々の機械の具体性を無視していくとmachineryという不可算名詞です。

例 There used to be some vending machines here.

訳 「ここには昔、何台か自動販売機が置いてあった。」

例 They wanted to reduce the cost of agricultural machinery, fertilizers, and seeds.

訳 「彼らは農機具、肥料、種のコストを下げたがっていた。」

1つの居住用の建物丸ごとならa house という可算名詞ですが、「居住するという行為に関する性質」、つまり「住宅供給」とか「住宅事情」ならhousing という不可算名詞です。

例 He is struggling to find an affordable house.

訳 「彼は手頃な価格の家を探すのに苦労している。」

例 We should think about how bad housing can affect people.

訳 「悪い住宅環境が、いかに人々に影響を与えうるか、我々は考えた方がよい。」

「形で見るか、性質で見るか」というフォーカスの違いが可算不可算の違いを生む、という特徴は一貫しています。

問題

以下の選択肢のうち適切なものを選べ。

① Planet Earth is a (jewel / jewelry) in the darkness of space.
「地球は宇宙の暗闇に浮かぶ1個の宝石だ。」

② The politicians enriched themselves with (bribe / bribery) and smuggling.
「政治家たちは賄賂と密輸で私腹を肥やしていた。」

③ He offered me a (job / work).
「彼は私に仕事を与えてくれた。」

④ We could sue them for false (advertisement / advertising).
「やろうと思えば虚偽広告で彼らを訴えることだってできるんだ。」

それではまず①から解説します。解説を聞きながら、改めて解答を考えてみるといいですね。

はい。

jewelは1個1個の宝石を指します。1個のダイヤモンドの石とか、1個のルビーの石とかです。一方jewelryは貴金属類、宝石類という種類全体を指します。つまり、jewelryでは1個1個の石の形は消え、宝石・貴金属・装身具といった性質に注目しています。例えば「宝石店」というのは「貴金属類全体を扱う店」、つまりお店の種類や性質を意味するので、a jewel shopとは言わず、a jewelry shopと言います。

jewelryはfurnitureと同じ考え方なんですね。じゃぁ問題では冠詞のaが付いているから、正解はjewelですね。

その通りです。地球を「1個の宝石の石」と見立てているわけです。では②にいきましょう。bribeは「賄賂として渡される金品」を表します。

例 **They offered him a bribe.**

訳 「彼らは彼に、賄賂を差し出した。」

賄賂を、手渡しできる1個の物として見ていることがわかります。

ではbriberyは？

賄賂を行為として見ている表現です。つまり「賄賂とはどのような行為なのか」というふうに、性質に注目している表現です。

今回の問題なら、賄賂で私腹を肥やしているわけですが、これは賄賂という行為を行うことによって、ということだから、briberyになるというわけですか。

そうです。問題文でbriberyの後ろに続くsmugglingも「密輸という行為」、つまり「密輸とは何ぞやという、行為の性質」に注目する不可算名詞です。ちなみに「1回の密輸行為をする」というのは、動詞のsmuggleで表されます。それでは③に行きましょう。

jobもworkも日本語では「仕事」ですね。

確かにそうですが、workは「遊び（play）ではなく仕事だよ」という、行為の性質に注目する表現です。したがって**workは、対義語のplayとともに不可算名詞**です。そして、workの中から、**やるべきことを具体的な形にして取り出したのがjob**です。もっと正確に言うと、具体的な形というのは、「ここからここまで」、というふうに仕事の開始と終了があることを意味します。

じゃぁa jobには仕事としてのまとまり、つまり、形があるわけですね。a job = a piece of work、という感じですか。

その通りですね。この「1回の仕事」という感覚から、a jobは「1つの職・務め口」という意味にまで広がっています。a jobが硬い言い方になるとa taskで、こちらも可算名詞です。続いて④です。

あー、advertisementとadvertisingですね……。どちらも「広告」っていう意味で、区別がつかないんですよ。どういう違いがあるんですか?

単純に言えば、**advertisementが物で、advertisingが行為**です。1個1個の広告物を表すにはan advertisement（略してan ad）で、広告行為や、広告手法の話をする時にはadvertisingです。

例 The Internet is filled with ads.

訳 「ネットは広告であふれている。」（1つ1つの物としての広告）

例 Benefiting from online advertising is not as easy as it seems.

訳 「ネット広告で利益を上げるのは、見た目ほど簡単ではない。」（ネットで広告を出すという行為）

ということは、advertisementが可算名詞で、advertisingが不可算名詞ですか。

原則的にはそうです。advertisementがまれに「広告を打つこと」という不可算名詞でも使われるのですが、一般的とは言えません。

今回の問題ですが、「虚偽広告」ですよね。ということは「嘘の宣伝をすること」という行為を表していますね。だから false advertising ですか。

そうです。～ ing の語尾をとる名詞の多くに言えることは、行為の性質に言及する場合が多く、そのため、不可算名詞になることがよくあります（第3章第19項参照）。

すでに出てきた housing がそうでしたね。

他にも例えば「論拠・理由づけ」と訳される reasoning という不可算名詞がそうですが、これは可算名詞の reason とは違い、判断を下すために慎重に考えるプロセスを重視する言葉です。

例 This line of reasoning sounds absurd.

訳 「こういった論法は滑稽に聞こえてしまう。」（line of reasoning: 考えの筋道、論理）

例 What is your reasoning behind the decision?

訳 「その決断の裏にあるあなたの論拠は何ですか？」（考え方・決断にたどりついた思考のプロセスを意味）

しかし、そうでない場合もあるので注意が必要です。

そうでない場合、というのは例えば何でしょうか？

行為の結果出てきた物、生まれた物を表す言葉ですね。例えば、色を塗るという行為の結果出てきたのが絵画（a painting) で、これはキャンバスという1個の形を持った絵ですから可算名詞です。また、a ceiling（天井）は可算名詞ですが、これは今では廃用になった ceil という、「覆う」ことを意味した古い動詞から生まれた物です。建物の上部を覆った結果生まれたものが天井、ということですね。天井は、例えば形を崩してしまうと、建物がきちんと覆えていないことになるので、形を持った可算名詞ということになります。

😊 なぜこういう例外があるのですか？

😀 ひとことで説明するのは難しいですが、〜ingの多くは「動作をしている途中」というイメージを持つため、動作の開始から終わりまでの1個のまとまりというよりは、動作の性質、どんな動作なのかということに注目が行きやすい、という仕組みがあります（第3章第19項参照）。したがって不可算名詞になることが多いのです。一方でこれとは別に起源的に異なる歴史の流れを辿って完全な名詞を表す〜ingも発生しました。こちらは行為や動作のイメージを持たず、純粋な物のイメージを持ち、可算名詞になります。

😊 それがa paintingやa ceilingといった名詞なのですね。

基本的な不可算名詞　その3

材質は機能へと発展する

😊 不可算名詞はもともと、モノを「形」の仲間ではなく、「材質・性質」の仲間と分類することが根っこの感覚です。

形の仲間　テレビや自転車は、その形バラバラにしたら、その破片や部品をテレビや自転車とは呼べない。その形があるからテレビや自転車と認識する。 ≫≫ **可算名詞**

材質・性質の仲間　氷や砂糖などはいくら砕いたり分割したりしても、氷であり、砂糖である。性質や材質をもって、氷・砂糖などと認識する。 ≫≫ **不可算名詞**

😊 今回は不可算名詞に「材質・性質の仲間」から発展した、**「機能の仲間」**という感覚があることを紹介します。

😮 機能の仲間？

😊 日本語の「テレビ」という単語を例にとって考えてみましょう。テレビというのは物体ですが、機能として見ることもあります。「テレビを買った（I bought a TV.）」「テレビが壊れた（The TV is broken.）」という時、我々はテレビを物体として見ていますが、一方で「テレビを見る（watch TV）」と言えば、テレビという物体を見るわけではなく、テレビが放映している動画を見ることを意味します。テレビの機能の方に意味がシフトしているわけです。同じように「自転車を買った」といえば1個の車体を意味しますが、**「自転車で来た」ならば「自転車が持つ移動機能を使ってここに来た」**という意味になります。

😮 機能は不可算名詞なのですか？

はい。なぜなら**機能は材質と性質に隣接する概念**だからです。例えば布でできた靴と、革でできた靴、材質の違いに何を感じますか？

丈夫さとか防水性の違いを感じますね。あとは重いとか軽いとか。

そうです。材質・物質の違いは性質の違いを意味するわけです。我々人間は、そうした性質の違いを、「革でできた丈夫な靴」とか、「布でできた軽い靴」といったように、機能の違いとして利用してきました。

では、その考え方がそのまま反映されて、もともと材質や性質だけでなく、機能を意味する名詞も不可算名詞として捉えられるようになったわけですね？

そうです。例えば第3章第15項で出てきたgroceriesやclothesといった「不可算複数形名詞」は、「日用雑貨」「衣服」という「性質の集まり」を表す名詞ですが、言い方を変えればこれらは「日用雑貨として機能するもの、衣服という機能を満たすものと捉えることができます。また、第16項で出たfurniture（家具）やluggageやbaggage（荷物）も、「家具という機能」「荷物（を運ぶための容器）としての機能」を満たすものとして捉えることができます。

「by＋乗り物」といえば、by train とか by bus とかありますが、あれも車体ではなく移動機能を表しているわけですか。

その通りです。不可算名詞で、なおかつ機能一般の話をするので、aもtheも付きません。ですからby a train とか by the bus とは言いません。aは「形が丸ごと1つある」ことを表すので、機能ではなく車体の意味が出てしまいます。例えばby a bus はHe was hit by a bus.（彼はバスにはねられた。）というふうに、移動機能ではなく、「とある1台のバスの車体」をイメージする言い方になります。the bus も「他のバスではなく、今言ったそのバス」と解釈されますから、移動機能の話ではなく、特定の車体を意味します。

例 Look at the man standing by the bus.

訳 「(その) バスのそばに立っている男がいるだろ、見てごらん。」

質問していいですか？ 例えば同じ「自転車で」と言うのでも、his bicycle というふうに自転車の所有者が表されると、He arrived on his bicycle.（彼は自転車に乗って到着した。）のように、by ではなく on という前置詞で表されますが、これはどういうことですか？

これは「彼の」と言うことで1個の自転車の車体が見えているわけです。例えば日本語でも、「テレビの放映番組を見る」という意味で「テレビを見る」と言うのは自然ですが、番組を見ると言うつもりで「彼の（所有物である）テレビを見る」と言うのは不自然ですよね。

例 "What are you doing?"

訳 「今何してるの？」

○ "I'm watching TV."
「テレビを見てるんだよ。」

× "I'm watching his TV."
「彼のテレビを見てるんだよ。」

このように、**機能を表す時、名詞に所有格を付けるのは不自然なわけ**です。He arrived on his bicycle. に話を戻しますと、his bicycle では車体の上に乗っている、というイメージが出るので、on が使われるわけです。ちなみに、自家用車のようなカプセルのイメージでは I came here in my car. のように、in が使われますね。by my car だと、my car で車体のイメージが出るので、He was waiting for me by my car.（彼は**私の車のそば**で私を待っていた。）という意味になります。また、8:30 express train（8:30の特急電車）とか、flight 855（855便）など、特定の電車や便は、He arrived on flight 855. のように by ではなく on で表

されるのが普通です。これも機能ではなく、車体や機体といった「形」が具体的に見える表現だからです。逆に言えばby trainやby busというときの電車やバスは、車体の見えない抽象化された「機能」というものを表しているわけです。

第
3
章

名詞の可算不可算とaの持つ意味｜第18項

問題 1

breakfast、lunch、dinner がなぜ不可算名詞なのかを説明しなさい。

🙂 これはどうしてですか？

😀 a meal（1回の食事）は可算名詞ですが、なぜ可算名詞かというと、「1回分の食事」というまとまり・形があるからです。

🙂 なるほど、a mealを分割したその一部を指して、1回分の食事とは言えないですものね。

😀 一方、そのa mealを朝用、昼用、夜用の、どの用途（＝機能）で食べるかを表すのがbreakfast、lunch、dinnerです。

問題 2

at school（学校で）、at work（仕事中・稼働中で）にaやtheなどの冠詞が付かない理由を説明しなさい。

🙂 schoolというのはaやtheが付く場合とそうでない場合がありますよね。

😀 そうです。日本語でも「学校」という単語には「校舎」「運営団体」「授業などの活動」といった複数の意味があります。

校舎：「角を曲がったところに学校がある。」
運営団体：「学校側は、適切な処置だったと反論した。」
授業：「今日は日曜日だから学校はないよ。」

そのうち「校舎」と「運営団体」は、それぞれ建物という1つの形、グループという1つのまとまりを持った可算名詞です。しかし、「授業などの活動」というのは学校の持つ機能を表し、この場合のschoolは不可算名詞です。workは前項でjobと共に説明した通り、「これは遊び（play）ではなく仕事（work）だよ」という「行為の性質」を表す言葉なので、やはり不可算名詞です。**機能は形のない、不特定の抽象的な概念なので、aもtheも付きません。**

例 Tom is doing very well at school.

訳 「トムは学校ではとてもうまくやっている。」
→ schoolを、カリキュラム・授業・集団生活という機能として捉えている。

例 Men at work.

訳 （標識で）「工事中」

この他、カリキュラムや課程という機能を表すときのhigh schoolやuniversityも不可算名詞で無冠詞です。

例 He graduated from university and got a job.

訳 「彼は大学を卒業し、職についた。」

動詞からできる抽象名詞
その1

何が「形」で何が「材質・性質」になるのか

🙂 具体的な物に関しては、なんとなく可算名詞と不可算名詞の違いがわかってきました。でも、抽象的な名詞はどうなるのですか? 抽象名詞は手に取ることができない、形の無い概念なわけですから。

😊 抽象的な概念にも可算名詞と不可算名詞があります。そこにもやはり、「形に注目するのか、性質に注目するのか」が関わってきます。

🙂 形のある抽象名詞なんてあるのですか?

😊 こう考えましょう。「形」というのは、線で囲われ、区切られ、周囲から切り離された1つのまとまりです。この「区切られていること」を英語ではboundednessと呼びます。

🙂「境界線」という意味の単語にboundaryがありますね。

😊 この、**まとまりを作るための「区切り」に注目している場合、その抽象名詞は可算名詞として使われます**。一方で、**「区切り」よりも「性質」の部分に注目している場合、その抽象名詞は不可算名詞として使われています**。そこの見極めが、非英語ネイティブには難しいところです。

🙂 わたしなんかは、さっぱりです。

😊 **抽象名詞の典型として、動詞が名詞化されるもの**があります。それを見ていきましょう。

動作動詞が持つ「区切り」・状態動詞が注目する「性質」

😊 人間が持つ思考概念というのは、複雑なようでいて、わりとシンプルな

原理でできあがっているところがあります。言語の中で、名詞と動詞というのは全く異なる品詞ですが、それでもどちらも人間の思考概念の産物ですから、似たようなところもあるんです。

😊 例えばどんなところですか?

😃 動詞には動作動詞と状態動詞があります。**動作動詞というのは、動作することによって変化が起きること**を意味します。例えばeatは「食べる」という意味ですが、食べることによって、人は食べていない状態から食べ終わった状態に変わります。一方、**状態動詞は変わらずある状態が続くこと**を意味します。例えばliveは「住む」という意味ですが、I live in Yokohama.（私は横浜に住んでいます。）という時、昨日も今日も明日も、「住んでいる」という状態が変わらず続いていることを意味します。

😊 それが可算名詞・不可算名詞とどう似ているのですか?

😃 動作動詞は変化の動詞ですから、その動きは必ず**「動作の開始」→「動作の途中」→「動作の終了」というプロセス**をたどります。つまり「ここからここまでが1つの動作」というまとまり、区切りがあるわけです。先程のeatなら「食べ始め」→「食べている途中」→「食べ終わり」がひとまとまりです。これが**可算名詞の「1つのまとまった形」に相当**します。

😊 状態動詞だと?

😃 先ほどのI live in Yokohama.だと話者は「私がいつ横浜に住み始めて、いつ住み終わるのか」ということは考えず、ただ漠然と「横浜に住んでいる状態が変わらず継続している」ことを表しています。

😊 つまり、動作の開始と終了という区切りを感じないわけですね。

😃 その通りです。「1つの動作」というまとまりが存在しません。それだけではありません。「住んでいる」というこの動作は、どこを切って取り出しても、「住んでいる状態」が変わらず出てきます。これは砂糖や氷のどこを取り出しても砂糖や氷だ、というのと同じです。

つまり、不可算名詞の持つ**「同質性」が状態動詞にはある**ということですか！

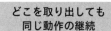

そうです。ラネカーという言語学者もそれを指摘しています。一方で、動作動詞と可算名詞の関係ですが、eatなどの動作動詞は変化のプロセスを表します。切り出した部分によっては「食べ始め」だったり「食べている途中」だったり「食べ終わり」だったり、様相が異なるわけです。これは**パソコンや車など、「形」で認識する可算名詞が、さまざまに異なる部品でできている（非同質性）**のと似ています。

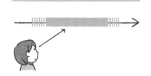

じゃぁ、動作動詞からできた抽象名詞は可算名詞で、状態動詞からできた抽象名詞は不可算名詞になるのですか?!

残念ながら話はそう簡単ではありません。1つの抽象名詞が可算名詞としても、不可算名詞としても使われる場合もあります。しかし、その抽象名詞の持つ意味が、「開始〜終了の区切り」（形）に注目しているのか、「動作の同質性」に注目しているのかが可算不可算の区別の重要な鍵の1つになっていることは確かです。ここでは入門編として基礎的な例を一緒に考えてみましょう。

〜 ingの形を取る抽象名詞

ここでは〜 ingについて考えてみます。進行形というのは状態動詞と同じような振る舞いをします。

どういうことですか？

例えば、He is reading the newspaper.（彼は新聞を読んでいるところです。）なら、新聞を読んでいる最中の状態がずっと続いていることを

表しています。

なるほど、動作のどこを取り出しても「新聞を読んでいる最中」ですね。状態動詞と同じく、同質性を持っていますね。

状態動詞と進行形が同じ性質を持っていることは、どちらも現在完了にすると継続用法になることでもわかります。

例 He is reading the newspaper.
→ He has been reading the newspaper since this morning.

訳 「彼は今朝からずっと新聞を読んでいる。」
→ 今朝から今に至るまで、ずっと新聞を読んでいる最中の状態が継続。

例 We know each other.
→ We have known each other since we were kids.

訳 「私たちは子供の頃からの知り合いだ。」
→ 子供の頃から今に至るまで、知り合いであるという状態が継続。

ほんとだ。でも、これが抽象名詞とどう関係するのですか？

〜ingの形を取る抽象名詞は、不可算名詞であることが多いのです。（1回の）散歩はa walkという可算名詞ですが、walkingは日本語にもなっている運動の種類の名称としてのウォーキングで、不可算名詞です。「ウォーキングとはどういう運動なのか」という概念を表す言葉ですが、それはwalkingの「どこを取り出しても歩いている最中の映像が出てくる」という同質性からきています。この同質性は、walkingというスポーツの「性質」を表してもいます。

〜ingが持つ同質性が動作の「性質」を表し、その結果、不可算名詞だと認識されるということですね。

このような不可算名詞の〜ingには英語試験でお馴染みのspeaking（話術・話すこと）、listening（聞き取り、聞くこと）、jumping（跳躍運動。一回の跳躍ならa jump）、すでに第3章第17項で説明したsmuggling（密

輪）、advertising（広告）、reasoning（論拠・論理的思考）もそうですし、日本語でもお馴染みのaging（老化・加齢）もそうですね。

「枠」の可算名詞、「中身」の不可算名詞

 a walkとwalkingに話を戻しますが、これは「枠」と「その中身」の関係でもあります。a walk、つまり1回の散歩には、「散歩開始〜散歩終了」という始まりと終わりでできた「枠」があります。一方でwalkingは散歩の最中の映像、という意味で「中身」です。

a board

wood

😊 つまり？

😀 これは可算名詞と不可算名詞の基本である「形」と「材質」に相当するということです。例えばa board（板）は可算名詞ですが、これは境界線で木材が切り取られているからです。ためしに板に思い切り顔を近づけてみてください。板の境界線は見えますか？

😊 いえ、木の素材しか見えません。

😀 それがwood（木材）で、不可算名詞なわけです。

😊 つまり境界線で切り取られた形を持つ可算名詞のa boardの、その中身が素材・材質を表す不可算名詞のwoodだと。

😀 そうです。それに対応するのがa walkとwalkingの感覚で、〜 ingの不可算名詞は皆そうした「材質」の感覚を持ちます。

125

動詞からできる抽象名詞 その2

可算と不可算を見分ける

😊 この項ではいくつか実際に、動詞から派生した抽象名詞の可算不可算の用法を見分けてみましょう。まずは基礎編です。

問題 1

選択肢のうちの、適切な方を選べ。

A fire broke out following (　　　　) at a chemical plant.

「化学工場で、爆発の後、火災が発生した。」

1. explosion　　2. an explosion

😃 えーっと……、動詞 explode は、爆発の開始から終了までで1つのまとまった区切りを持つ動作だから、名詞 explosion は可算名詞ですね。つまり、an explosion, two explosions と数えられるわけですね。

😊 よくできました。では次は、know の名詞形である、knowledge（知識）です。

問題 2

選択肢のうちの、適切なものを選べ。

I do not have (　　　　) about child development.

「児童発達に関しての知識は、私はあまり持ち合わせていません。」

1. many knowledges　　2. much knowledges
3. many knowledge　　4. much knowledge

😀 knowは「いつ知り始めて、いつ知り終わるのか」なんて考えずに知識を持っている状態が継続している動詞で、どこを切っても「知っている」という同質性があるから、知識を意味するknowledgeも不可算名詞ですね？

😄 正解です。そして**不可算名詞ですから「数」ではなく「量」のイメージ**を持ちます。つまり液体のような、量の集合体です。

😀 では正解は4.ですね。manyは個数の多さを表すので可算名詞を、そしてmuchは量の多さを表すので不可算名詞を修飾しますからね。

😄 よくできました。ではもう1つ、基礎的な可算名詞の感覚のおさらいです。

問題 3

make a speech, make a choice, make a decision, make a judgement, take a look, take a turn などの「a＋抽象名詞」に共通する性質を答えよ。

😀 これはわかります。すべて動作動詞で、始まりと終わりの区切りが明確にある1回の行為ということですね。例えばa speechなら、スピーチの開始から終了までで1回のスピーチ。その他も1回選ぶとか、1回目線を向けるとか、「1回の行為」と考えられるものばかりですね。

😄 その通りです。では今度は同じ名詞に可算と不可算の両方があるものを考えてみましょう。

問題 4

以下のmarriageが可算名詞か不可算名詞かを判断し、なぜそうなるのかを説明せよ。

(a) Each of his two <u>marriages</u> ended in divorce.
　　「彼の2度の結婚はそれぞれ離婚に終わった。」

(b) There should be various forms of <u>marriage</u>.
　　「いろいろな結婚の形があっていい。」

まず（a）ですが、two marriages となっているから可算名詞ですね。

その通りです。なぜ可算名詞として使われているのでしょう。

「2度の結婚」ということは「開始〜終了」の区切られた期間が2つある、と考えることができるからですね。

その通りです。では（b）の、various forms of marriage は？

various forms は「形式が複数個ある」から可算名詞だということですが、この marriage は不可算名詞ですか……。なぜ不可算名詞かは、ちょっとわからないですね。

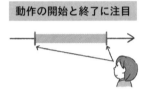

動作の開始と終了に注目

これは「いつからいつまでの結婚の期間」という話をしていますか？

どこを取り出しても
同じ動作の継続

していませんね。どちらかといえば「結婚とは何ぞや」という結婚の概念を表しています。

そうです。**ここでの marriage は結婚の開始と終了の間にある、どこを取り出しても同質の、「既婚の状態」を表す不可算名詞です。だから「結婚の性質」を表しているわけです。**次は状態動詞 live の名詞形である life を見てみましょう。これも一筋縄ではいきません。

問題 5

以下の life が可算名詞か不可算名詞かを判断し、なぜそうなるのかを説明せよ。

(a) Do you think we can find life on Mars?

「我々は火星に生命を見つけることができると思いますか？」

(b) The accident claimed two lives.

「その事故で2人死亡した。」

(c) I enjoyed life in Singapore.

「私はシンガポールでの生活を満喫した。」

😐 う〜ん、(a) と (c) は冠詞がついてなくて単数形だから、不可算名詞だし、(b) は複数形だから可算名詞だということはわかるけど、なぜなのかはわからないなぁ。でも理由がわからないと、読む分にはよくても自分では使えないということになるのか……。

😀 まず (a) ですが、1個1個の具体的な生命体 (a life form) とは違い、ここでのlifeは生命反応とか生命活動という意味です。つまり、誕生（開始）から死（終了）までの区切りを意味するのではなく、その間の「生きている状態」を指します。

😐 どの時点で取り出してみても、同じ生きている状態、という同質性があり、「生命という性質」を表しているから不可算名詞ですか。

😀 そうです。(b) はおわかりのとおり、1人に1つしかない命、ということで可算名詞です。(c) ですが、動詞のlive（暮らしている・住んでいる）と同じく、どこを取り出しても「シンガポールで暮らしている状態」が出てくるという、同質性を表すlifeですから不可算名詞です。

😐 なるほど。

😀 次は、「知覚できる範囲の外に境界線がある場合、不可算名詞」というお話です。

問題 6

以下のthoughtが可算名詞か不可算名詞かを判断し、なぜそうなるのかを説明せよ。

(a) Do you have any thoughts on this?

「これに関して何か考えはありますか？」

(b) And then she was lost in thought again.

「そしてそれからまた彼女は物思いにふけった。」

😐 まず (a) ですが、thoughts という複数形だから可算名詞ですよね。

その通りです。ではなぜ可算名詞なのでしょう?

そうですね……。可算名詞のideasとかopinionsとかと似たイメージだからじゃないですかね。1個の独立した物体のように、**「この意見とあの意見は違う」**と区別できる類のものだから、という感じがします。

そうですね、その通りです。可算名詞のthoughtでよく使われる言い方には、こういうものもあります。

例 Just a thought.

訳 「ただの思いつきだよ。(真面目にとるほどの意見じゃないからね)」
→ 正確には「ランダムに取り出した、とある1個の考えでしかない」。

では次に、(b) に進みましょう。

be lost in thoughtか……。thoughtが単数形なのに冠詞aが付いていない。だから不可算名詞ですね。

そうです。ではなぜ不可算名詞なのでしょうか。

うーん……。

be lost in thoughtというのは、「物思いにふける」という慣用表現です。ここでのthoughtを液体として理解し、その中に自分が漂う感じを表します。

lost in thought

なるほど。液体だから不可算だということですか? でも、これ、液体で満たした1個のボールのような空間の中にいると考えることはないのですか。もしそうなら「1個の考えの中にいる =in a thought」と言えそうなものだけどな……。

いいところに気が付きましたね。ポイントは、「知覚できる範囲の外に境界線がある」ことです。例えば太平洋のど真ん中で海の中に潜って、自分のまわり360°がすべて水である場合、水を仕切る境界線を意識しま

すか？

うーん……、いや、自分の視界の外に水と陸の境界線はあって、自分が
意識できるのは一面の水だけですね……

その通りです。前項で説明した、a boardとwoodの違いを思い出して
ください。板に近づきすぎて境界線が視界の外に出てしまい、材質の木
材しか感じられない感覚です。物思いにふける時、すっかり考えの中に
埋没して、仮に「考えの境界線」があったとしてもそれは自分の意識で
きる範囲の外にある、という感覚がlost in thoughtにはあるのです。

つまりこのthoughtはa boardではなく、woodの感覚だということで
すか。

そうです。ですから、**thoughtを材質・性質として見ている**ことにな
ります。他には、

例 I have a terrible pain in my arm.

訳 「腕がひどく痛む。」

→ 腕の限られた範囲に感じる痛み＝可算名詞。

例 Tim is in great pain.

訳 「ティムはひどく苦しんでいる。」

→ 痛みの範囲の境界線は知覚の範囲外にあり、本人の周りにはただ苦しみしか見えない。

というような例もあります。

問題演習 3　可算名詞・不可算名詞・冠詞

問題 カッコ内の各選択肢のうち、正しい方を選べ。

I saw ①(a cat / cat) on the way to the ②(grocery / groceries) store to buy some ③(food / foods). ④(A / The) cat looked at me and meowed. I thought maybe I could buy something for it to eat. After I bought ⑤(a / some) can of ⑥(tuna / tunas) and ⑦(some other / five other) groceries, I looked for ⑧(a / the) cat, but it was nowhere to be seen. So I decided to go home thinking I would eat ⑨(a / the) tuna myself with ⑩(leftover / leftovers) in ⑪(a / the) fridge. I wished I had a car so that I could buy a week's worth of ⑫(grocery / groceries) at ⑬(a time / time).

解答

I saw ① *a cat* on the way to the ② *grocery* store to buy some ③ *food.* ④ *The* cat looked at me and meowed. I thought maybe I could buy something for it to eat. After I bought ⑤ *a* can of ⑥ *tuna* and ⑦ *some other* groceries, I looked for ⑧ *the* cat, but it was nowhere to be seen. So I decided to go home thinking I would eat ⑨ *the* tuna myself with ⑩ *leftovers* in ⑪ *the* fridge. I wished I had a car so that I could buy a week's worth of ⑫ *groceries* at ⑬ *a time*.

和訳

食料を買いに雑貨屋に向かう途中で猫を 1 匹見かけました。猫は私を見てニャーと鳴きました。猫に何か食べ物を買ってあげようかなと思ったんです。ツナ缶とその他の雑貨を買った後、猫を探したんですけど、どこにもいませんでした。そこで家に帰ることにし、そのツナは冷蔵庫の残り物と一緒に自分で食べようと思いました。車があればいいのにな、と思いました。そうすれば一度に 1 週間分の雑貨を買い込めますからね。

解説

① 初出の a。話し手は聞き手の頭の中の「舞台」に、ランダムにとある 1 匹の猫を取り出して登場させている。

② store という名詞を修飾するために、grocery という名詞が使われている。このように「名詞が名詞を修飾」する場合、機能や用途を表すのが普通。(例 :a sleeping baby（眠っている赤ちゃん）→ sleeping は形容詞的に使われ名詞 baby の「様子」

を表す。一方で a sleeping bag（寝袋）→ sleeping は動名詞的に使われ、名詞 bag の「用途・機能」を表す。）「用途・機能」に注目する名詞なので、不可算名詞的に使われる。ちなみに the となっているのは、話し手にとって、無意識のうちに「いつも行っているあの雑貨屋」という限定が働いている。道を歩いていてたまたま通りかかった初見の雑貨屋なら a grocery store。

③ 漠然と「食料」と言っているので不可算名詞の food。わざわざ「さまざまな種類の」食べ物と言おうとしているのではないので foods ではない。

④ 先ほど登場したその「猫」のことをいうので the。

⑤ can は形で認識する可算名詞。単数形である以上、「缶の形がまるごと 1 個ある」ことを表す a がつく。

⑥ tuna は缶に入っている以上「マグロ 1 匹丸ごと」ではなく、「マグロの肉」なので、「同質性」を持つ不可算名詞。

⑦ groceries は「複数形不可算名詞」の一種。明確な数字では表せない、「個々の形が溶けかかった」ぼんやりとした雑貨の集合体。

⑧ すでに話題として出てきている「その猫」であって、どんな猫でもよいわけではないので the cat。

⑨ 同上。すでに出てきている「そのツナ」なので the tuna。

⑩ leftovers も「複数形不可算名詞」の一種。常に複数形で扱う。

⑪ 自分の家のその冷蔵庫であって、「なんでもよいからとある 1 台の冷蔵庫」ではないので the fridge。

⑫ groceries は「複数形不可算名詞」なので常に複数形で扱う。

⑬ at a time で「一度に」。「1 回」「1 度」などの回数の time は「始まり〜終わり」の区切りがある、限定されたひとまとまりの期間なので、可算名詞。

第 4 章

総称用法と the を使いこなす

　この章では第 3 章でとりあげた可算名詞・不可算名詞や冠詞の a 以外にも重要な名詞に関わる英文法について学びます。主に総称用法、冠詞 the です。総称用法とは「種全体について語る用法」のことですが、これをきちんと使えないというのが、日本語話者の名詞に関する最もよくあるミスの 1 つです。これはライティングだけでなく、スピーキングでも必ず起きる問題です。自分が伝えたいことを正確に英語で伝えるためにも「概念と実態の違い」を捉えられるようになりましょう。

　また、どんな時に the を付けるのかについてもしっかりとおさえましょう。all と every と any の違いや others、another、the other の使い分けについてもとりあげました。さらに最終項第 28 項では第 3 章と第 4 章のまとめとして内容を整理しています。

総称用法を理解する

「概念の名詞」と「実体の名詞」の区別

🧑‍🦳 名詞には、可算不可算以外にわかっておくべき使い方がもう1つあります。

🧑 なんですか？

🧑‍🦳 **総称用法**と呼ばれるものです。英語学習者のライティングを添削していて、総称用法をきちんと使えないというのが、名詞に関する最もよくあるミスの1つです。ライティングでミスをするということは、これはスピーキングにも必ず起きるミスだと言えます。

🧑 使えないと困りますか？

🧑‍🦳 かなり困ります。しかし、根本的な問題は、総称用法が使えないというよりは、以下に言う**2つの概念の区別**がつかない、というところにあるのです。問題を通して見てみましょう。

問題 1

「私は犬が好きです。」の「犬」と、「私は犬を1匹飼っている。」の「犬」の意味の違いを説明しなさい。

🧑 これ、何か違いがあるんですか？

🧑‍🦳 あります。「犬とは何ぞや？」という種類・概念の話はどちらで、そして「存在している実体としての犬」の話はどちらでしょう。

🧑 ああ、そういうことなら「犬が好き」の犬は「犬という種類・犬とは何かという概念」で、「犬を飼っている」の犬は「実体としての犬」ですね。

😊 いいですね、その通りです。私はこれらを**「種類・概念の名詞」**と**「実体の名詞」**と呼んで区別しています。言語学では前者がtype、後者がtokenと呼ばれたりします。日本語では両者を文法的に区別してはいませんが、英語や中国語など、文法的な区別が存在する言語が結構あります。次の問題に答えてみてください。

問題 2

適切な選択肢を選べ。

「私は犬が好きです。」
I like（　　　　　　　）.

1. a dog　　　2. some dogs　　　3. dogs　　　4. dog

😐 うーん、4.ではないことはわかります。犬というのは形が丸ごとあって初めて生きた犬ですから、4.にしてしまうと、形がなくなり不可算名詞化されて、犬の肉の意味になってしまう。食べ物としての犬の肉が好き、と言いたいわけじゃないですからね。

😊 そうですね。そして、今回の「犬が好き」は、「犬という種類・概念」の話です。種類・概念の名詞は「総称用法」という形で表されます。総称用法には4種類の表し方があるのですが、**一番一般的なのは裸の複数形、つまりaやtheといった冠詞も、someやmanyといった数量詞も付かない複数形の名詞（不可算名詞の場合は単数形）の形をとります。**

😐 では、3.のdogsが正解ですか。

😊 そうです。英語を書いたり話したりするときには、これをきちんと使えるようになって欲しいですね。

😐 使えないと何が困るのですか？

😊 一般的な概念の話、つまり「～とはこういうものだ」という話ができなくなります。

カッコ内の単語を適切な形にせよ。

(a)「ワープロはパソコンにとって代わられた。」

（ Word processor ）have been replaced with (personal computer).

(b)「多くの外国人観光客が、日本の建物の外壁が汚れていないことに驚く。」

Many foreign tourists are surprised at how spotlessly clean the outer walls of (Japanese building) are.

🙂 ああ、なるほど、こういうときの「ワープロ」や「パソコン」、「日本の建物」が総称用法だと意識できないとだめだ、ということですね。

🧔 そうです。ワープロもパソコンも、日本の建物も、それぞれが1つの種類全体として捉えられています。そういう意味で (a) はそれぞれWord processors、personal computersで、(b) はJapanese buildingsです。

🙂 なぜ概念の名詞、つまり総称用法ではdogsのように冠詞が付かずに複数形になるんですか？

🧔 まずなぜ冠詞が付かないか、から説明します。**冠詞や、それからsomeやa lot ofなどの数量形容詞が付くと、基本的にその名詞は存在する実体を意味することになってしまうのです** *。

例 I saw a cat in your garden yesterday.

訳 「昨日、君の庭に猫が1匹いるのを見かけたよ。」

これは、冠詞のaによって話し手・聞き手の頭の中の舞台上に、とある1匹の猫が取り出されて登場するわけです。

🙂 なるほど、「猫と呼ばれる種類」の話ではなくなりますね。aの**「抽選箱からランダムに1つ取り出す」働き**ですね。「登場」して「具体的

some balls

に存在する実体としての猫」になりますね。

次にsomeですが、**「aの複数形」**とでも言える性質を持っていて、「取り出して、存在させる」という意味はaと共通しています。aならランダムに1個、someならランダムに適当な数、もしくは適当な量取り出して、存在させる、ということを意味します。また、全部ではなくて一部だ、という意味も喚起します。

例 I heard some dogs barking.

訳 「犬が何匹か、吠えているのが聞こえた。」
　　→ 吠えている犬が何匹かいたことを示す。

確かに。これも「犬という種類」の話ではなく、実体として存在する、何匹かの犬ですね。他の数量形容詞でもそうですか？

数量形容詞は基本的に、ある程度の量や数が存在していることを表すために使われるわけですから、一緒に使われる名詞は「存在・実体」を意味することになります。

例 A lot of people think that they have food allergies.

訳 「多くの人は、自分が食物アレルギーを持っていると考えている。」
　　→ 食物アレルギーを持つと考える人々が多数存在することを示す。

theだとどうなります？

theというのは、「無数に存在する同種のものの中から、他のではなくて、それだよ、と指定する」働きを持つので、種類全体（＝概念）を指さず、その中の指定したものを具体的存在物として取り出すことになります。

例 I saw the cat you talked about in your garden.

訳 「君が話していた猫、君の庭で見かけたよ。」

その他にも、**目の前に存在しているもの、その場にあるものをtheで指**

す時があります。例えばthe rainなら「今目の前で降っている雨の話で、どんな雨でもいいわけではないよ」という感じが以下の例文に表れています。

例 She was standing in <u>the rain.</u>

訳 「彼女は雨の中、立っていた。」

　一方で、「種類・概念」としての雨を表すなら裸の名詞の総称用法です。

例 We haven't had <u>rain</u> for more than three weeks.

訳 「もう3週間以上雨が降っていない。」
　→ 不可算名詞なので rain は単数形。

😊 なるほど、aやtheの冠詞や、someなどの数量形容詞が付くとその名詞は概念ではなく存在を意味することがわかりました。I like dogs.（私は犬が好きだ。）のdogsに話を戻しますが、なぜ種類・概念を表す名詞は複数形になるのですか？

😄 概念の名詞はとある種類全体を指すわけですが、そうすると、1個だけというわけにはいかないので複数形になります。それと、もう1つ、複数あることによって、個々の物体の輪郭がぼんやりします。猫1匹を思い浮かべると輪郭ははっきりしますが、たくさんいると、認識する印象として、個々の猫の輪郭はぼやけてきますよね。

😊 そうするとどうなるのですか？

😄 形ではなく中身、つまりその名詞が指す物体が持つ「性質」に注目が行きやすくなります。つまり、「○○とは何ぞや」という概念に注目が行きやすくなるわけです。不可算名詞はもともと性質を表す名詞なので、裸の単数形のままで総称用法になります。

例 No life forms can survive without <u>water.</u>

訳 「どんな生物も水なしには生きられない。」

😊 なるほど。

😃 次項ではこの「裸の複数形」名詞による総称用法や、aやtheを使った総称用法のイメージをより具体的に説明します。

＊a＋単数形名詞、the＋単数形名詞、the＋複数形名詞で総称的意味を表すこともありますが、その場合は使い方に制限があります（次項を参照）。ここでは一般的に、冠詞や数量形容詞が付くと、名詞は「存在・実体」を意味すると述べています。

それぞれの総称用法の具体的イメージ

裸の複数形名詞、a＋単数形名詞、the＋単数形名詞

裸の複数形名詞：人間の「帰納的思考」を表す

英語の総称用法には4つのパターンがあります。

1. 裸の複数形名詞（不可算名詞なら裸の単数形名詞）
2. a＋単数形名詞（主語に使う）
3. the＋単数形名詞
4. the＋複数形名詞（人のグループを表す）

今回はこのうちの1〜3について詳しく説明していきます。まずは、前項で軽く触れた1.の「裸の」複数形名詞から詳しく説明します。まず以下の文を見てください。

問題 1

「自転車は健康的な移動手段だ。」と言いたい時、以下のどちらがより自然か。

(a) Bicycles are a healthy mode of transportation.

(b) All bicycles are a healthy mode of transportation.

(a) のbicyclesのほうがより自然に思えます。all bicyclesだと、何か論理学の命題のような、一切の例外を許さない感じがします。

その通りです。そこが大事です。総称用法というのは、同じ種類のものをいろいろ体験することで「これって、こういうものだよな」と一般化する人間の心理が現れたものです。例えば人間は、これまで数々の猫を見てきた経験から「猫というのがどういうものか」という一種の**「意味の型」「概念の型」**のようなものを手に入れます。一般化に至るまでに体験する猫は1匹で済むはずがなく、複数必要です。かといって、世界中の全ての猫を見る必要もない。また、世界中の猫が1匹残らず同じ性質である必要もない。そういう**漠然とした不特定多数を一般化する感覚が、可算名詞の裸の複数形に現れているのです**。例えば、猟師の見習いが、これまで山の中で出会ったほんの数頭の熊を通して、

例 Bears are very clever.

訳 「熊というのはとても頭がいい。」

と言ってもよいわけです。このような、「あのAもこのAもこんな感じだったから、きっと世の中のAというのはみんなこんな感じなんだろう」という思考法は**「帰納」**と呼ばれますが、裸の複数形名詞による総称用法は人間の帰納的思考の言語的な現れと捉えることもできます。

a＋単数形名詞：辞書的定義を表す

次にa＋単数形名詞です。これは、裸の複数形名詞とは異なり、どこにでも使ってもよいわけではありません。普通、主語に使います。そして、辞書的な定義を表すときによく使われます。

例 A desk is a piece of furniture that you sit at to read, write, or work.

訳 机というのはそこに向かって座り、読んだり書いたり、仕事をしたりする、家具の1つである。

aを使うことでどういう映像が浮かぶのですか？

aは同種のものがたくさんつまった箱、つまり「種類の箱」から、ラン

ダムに1つ取り出す、ということです。**「a＋単数形名詞」**を主語に使うことで、話し手から聞き手に対して「ここに1つサンプルを取り出しましたので見てくださいね。今からこれについて説明します。ちなみに箱の中に入っているものは全部これと同種のものですよ」というメッセージが出てきます。

わざわざ主語に使う、というのは、「これがどういうものなのか説明しますよ」という感覚なのですね。

そうです。そして、**「1個のサンプルが持つ特徴＝箱の中にいる他のどのメンバーも等しく共有」**という感覚があるので、裸の複数形名詞よりも厳密な、本質的な属性を表すように感じられます。すでに「a＋単数形名詞」が辞書的定義を表すことが多い、と述べましたが、それは「厳密かつ本質的な属性」によるものです。以下の問題を見てください。

問題2

「最近、卵の値段が高い。」と言いたい時、どちらがより自然か。

(a) An egg is expensive these days.

(b) Eggs are expensive these days.

これはやはり、(b) の方が自然なのですか?

そうですね。「最近値段が高騰している」というのは卵が持つ本質的な属性とは程遠いもので、こういうのはa＋単数形名詞の総称用法で表すものではないのです。

確かに。これは「狐というのはずる賢い生き物だ (A fox is a cunning animal.)」というような属性を表す内容とは異なりますね。それよりは、最近いろんな卵を見て得た、これも高い、あれも高い、という体験を一般化しているので裸の複数形名詞eggsの方が自然なのですね。

😊 そうです。a+単数形名詞の総称用法が使えないケースがもう1つあります。a+単数形名詞はサンプルを1つ頭に思い浮かべて話すスタイルなので、種類を構成するメンバー全部を頭に思い浮かべるような表現では使えません。

問題 3

「リョコウバトは20世紀の初めに絶滅した。」というのに、より自然なのはどちらか。

(a) A passenger pigeon went extinct at the beginning of the 20th century.

(b) Passenger pigeons went extinct at the beginning of the 20th century.

😊 なるほど、絶滅するというのは1羽のリョコウバトの持つ性質ではないし、絶滅したのは全部、つまり複数のリョコウバトだから、(a) はだめですね。

the＋単数形名詞：他のグループとの対照を意識する

😊 続いてthe＋単数形名詞の総称用法にいきましょう。例えば、こんな感じです。

例 The computer has made it much easier for people to access useful information.

訳 「コンピューターのおかげで人々は有益な情報に随分とアクセスしやすくなった。」

例 Students have begun using the computer as a tool for writing and creation.

訳 「学生は何かを書いたり作ったりするための道具としてコンピューターを使うようになってきた。」

😀 the＋単数形名詞の総称用法は、目的語でも使えるのですね。

😃 はい。a＋単数形名詞との意味的な違いですが、**theというのは「他のではなくて、それだよ」と限定すること**です。そうすると、ここでは他の種類のものとの対比を意識して話していることになります。

😀 他の種類と言いますと？

😃 全く無関係なものを比べることは不自然です。例えばバラの花とコンピューターを比較するのは不自然です。したがって、似たようなカテゴリーに属するもの、例えば、コンピューターなら計算機や、昔のワープロ、タイプライター、紙と鉛筆などを念頭に浮かべ、「それらのものではなく、コンピューターだよ」という意識でthe computerと言っています。総称用法のa computerが「今ここにコンピューターを1台サンプルとして取り出しました。今からどのコンピューターにもある属性を話しますね」という感じであるのに対し、総称用法のthe computerは「書いたり創作したりするために、タイプライターや紙と鉛筆や、ワープロや、いろいろな道具がありますね。でもそれらと違ってコンピューターというのはですね……」という話し方をしています。

😀 名詞はなぜ単数形なんですか？

😃 **この単数形名詞は一種の不可算名詞なんです。総称用法では、ものの「形」ではなく「性質」を表そうとしているのです。**the computerなら、表しているのはコンピューターという機械の形ではなく、それが持つ性能、機能です。

😀 ああ、総称用法というのはモノの属性、つまり「何ぞや」という概念を表しているのですものね。

😃 英語の辞書の項目に、aもtheも付かないで名詞が裸でリストアップされているのは決して偶然ではなく、それが形ではなく概念・性質・属性を表すからです。総称用法のtheに付く単数形名詞もそれと同じ気持ちを表しています。次項ではこのthe＋単数形名詞の総称用法を、the＋複数形名詞を使った総称用法と比較することでより深く分析します。

総称用法の実際の使い方

種類の対立なのか、実体なのか

the＋複数形名詞の総称用法は人の集団に使う

the＋単数形のほかに、the＋複数形の名詞を使う総称用法もあります。ただしこれは人の集団を表すときに使います。

例 The model of thought of <u>the Japanese</u> is based on group consciousness.

訳 「<u>日本人</u>の思考モデルは、集団帰属意識に根ざしている。」

Japaneseは単複同形ですが、この場合のJapaneseは複数形として使っているのですね。

そうです。これが仮にアメリカ人ならthe Americansですね。

the＋単数形名詞の総称用法とはどう違うのですか？

the＋単数形の名詞は一種の不可算名詞、つまり、「形」ではなく「性質」に注目するもの、と述べました。形がなくなり個々の構成物が溶け合って渾然一体に「○○というものの概念」になっている感じです。

例 <u>The computer</u> has made it much easier for people to access useful information.

訳 「コンピューターのおかげで人々は有益な情報にずいぶんとアクセスしやすくなった。」

なら、1台1台のコンピューターというより、コンピューターとは何ぞやという概念です。個々のコンピューターを全部溶かして鋳型に入れ、コンピューターとは、という抽象的な概念のかたまりにする感じですね。

では「the＋人を表す複数形名詞」は？

複数形の名詞というのはあくまでも「1個1個のものたちが集まったもの」、つまり**「個々の構成物の個性」**が残る表現です。

では、個性が残る分、例外があり、全員に当てはまるわけではないという**「ゆるさ」**がthe＋複数形名詞にはあるということですか？

そういうことです。「物体や動物」なら、「コンピューターは現代生活に必須」とか、「猫は体が柔らかい」など、「ひとまとめにしてAは全部そうだ」と言いやすいのですが、同じことを人の集団に当てはめるのは難しいです。

なぜですか？

猫やコンピューターと、人間だったら、私たちって普段どちらをより観察していますか？

そりゃ、まあ、人ですよね。

そうです。その分、個別の違いも見えて、「ひとまとめにして人って全部そうだ」とは言いにくくなります。そのため、**人の集団を総称的に表す場合、「個々の構成物の個性」がイメージしやすい複数形を使った、the＋複数形名詞が好まれます。**以下の例文も、必ずしも中国人全員というわけではないが、他の民族に比べて全般的にそうだと言える、という意味で使われています。

例 The Chinese (people) love talking about food.
訳 「中国人というのは食べ物に関して語るのが好きだ。」

😊 裸の複数形名詞、つまりtheがない**Chinese（people）love talking about food.** とはどう違うのですか？

😃 theが付いていると、「他の民族や国民とは違い、中国人というのは」という対比のイメージがついてきます。しかし、裸の複数形名詞には対比の感覚はなくなります。あの中国人も、この中国人もそうだった。自分の経験上、中国人って皆こんな感じだよね、という**帰納的思考の現れ**です。

😊 裸の複数形名詞は、the＋複数形名詞よりもさらに「ゆるい」感じですね。

😃 そうです。総称用法で最も一般的なのが裸の複数形名詞ですが、そういうゆるさも、使いやすさの理由だと思います。さて、the＋複数形名詞が「人の集団」を表すのに使われると述べてきましたが、この延長線上に**「the＋形容詞」**（〜という人々）というのがあります。

例 The young should learn from the old.

訳 「若者（たち）は老人（たち）から学ぶべきだ。」

the＋形容詞はその後ろにpeopleが省略された表現で、そのため**必ず複数扱いを受ける表現**です。このほかにthe rich（富裕層）、the poor（貧困層）、the sick（病に苦しむ人々）などがあります。

概念の名詞 vs. 実体の名詞の使い分け

😃 さてここまで、4つの総称用法の違いを説明してきました。しかし、実際に総称用法を使うとなると、**まずは「裸の複数形名詞」を使うことを目指してください**。他の3つの用法は聞いたり読んだりするときにニュアンスが理解できれば十分です。

😊 え?! そうなんですか？

😃 そうです。使うとすれば、せいぜい「〜な人々」を表すthe＋形容詞く

らいです。ライティングを添削していると、「裸の複数形名詞」による総称用法が使えていない英語学習者がかなり見受けられます。

😊 既に述べた、**「概念の名詞（総称用法）」**と**「実体の名詞」**の区別がうまくつかない、ということですね。

😄 その通りです。ここで、どういう言い方が**「概念の名詞」**なのか、最も基本的なポイントを押さえておきましょう。

> 🖋️「～と呼ばれるもの全体」という、**種類全体**をイメージしている
> 🖋️「～と呼ばれるものであって、他の種類のものではないよ」という種類間の**対比**をイメージしている

😊 theの付いていない裸の複数形名詞でも**「対比」**のイメージがあるのですか？

😄 そうです。話し手が裸の複数形名詞を使うかどうかを判断するためにこの考え方は必要です。ただし、**表現的な意味として、裸の複数形名詞は聞き手に「対比」をイメージさせません。あくまで「漠然と～という種類の話」をしているイメージを伝えます。一方でthe＋単数形・複数形名詞は、聞き手に「他の～とは違い、……は」というイメージを伝えます。**それでは実際の使い分けを訓練しましょう。裸の複数形名詞の総称用法（概念の名詞）を使っても、a, some, the＋名詞（実体の名詞）を使っても、どちらでも文法的には間違いではないけれど、言っている意味やニュアンスが変わる、というところが重要です。

問題 1

Which would you like, water, tea, or coffee? に対する返答として、どちらがより自然か。

I want（1. water 2. some water）.

😊 1. water が自然だと思います。water, tea, coffee という対比によって「どの種類がいいか」という話をしているわけですよね。

😄 そうです。それを受けて I want water.(「水という種類」のものが欲しい)となるわけです。それではもし、「喉が渇いた。ちょっと水が欲しいんだ。」ということならどちらを選びます？

😊 「存在して欲しい」というなら 2. の I want some water. ですね……。

😄 その通りです。どの種類がよいかという対比ではなく、水をいくらかの量、実体として取り出して存在させれば some water です。（第4章第21項参照）

問題 2

日本語訳に合わせて自然なものを選べ。

I like reading (1. books 2. some books 3. the books).
「趣味は読書です。」

😊 これは 1. books ですね。本という種類全体を指していますね。

😄 正解です。I like dogs. で「**犬**が好きです。」というのと同じ感覚です。some books だと、「とある何冊かの本を読むのが好き」、the books だと「今言ったそれらの本を読むのが好き」、そして仮に a book だと「ある1冊の本を読むのが好き」ということで、本という種類全体を指す「読書」という意味にはならなくなります。では以下の日本語の会話に出てくる「本」は、概念でしょうか、実体でしょうか。

最近、（1）本を読むことの大切さを感じる。1週間に1冊、（2）本を読むようにしている。

😊 （1）は、概念ですかね……。潜在的に、他の種類の物と、本という種類

の物を対比させていますね。(2) は、実体として本が1冊取り出されて、手元に存在しているイメージがあります。

よくできました。ちなみに (2) に関しては「1週間に1冊」という表現がありますので、「概念 vs. 実体」を意識しなくてもa book a weekと表すことができます。(1) をきちんと**「種類」**と捉えることが大事ですね。英語にすると、以下のようになります。

I've been realizing lately how important reading <u>books</u> is. I've been trying to read <u>a book</u> a week.

all と every と any の違い

「あらゆる・すべて」のイメージ

今回は英語学習者の間で使用に混乱が見られる、「あらゆる・すべて」を意味する3つの言葉、all, every, anyについて詳しく見ていきます。まずはeveryとallを比べてみましょう。

問題 1

どちらの言い方がより丁寧でかしこまっているか。そして、それはなぜか。

Hello, everyone.
Hello, all.

どちらも、目の前にいる全員に対して「皆さんこんにちは」と呼びかけるときの表現です。

なんとなくですが、everyoneの方が丁寧な気がします。なぜだかはわからないですが。

日本語に訳せば同じように「全て」を意味するeveryとallも、そのイメージは随分と異なるわけで、それが言葉の丁寧さに違いをもたらします。まずeveryですが、これは**「1つ1つを指差しながら、全部」**と言っています。

everyに単数形の可算名詞が付くのはその、「1つ1つを指す」感覚が原因ですか?

そうです。1つ1つ、あるいは1人1人を指しながら、個別に認識していくので、そのため視界に浮かぶのは単数の物体なのです。なおかつ、このせいでeveryの後ろには基本的に

ひとりひとり

everyone

可算名詞しかきません。例えば ✗ every water（水全部）などとは言えないのです。everyone はイラストにあるように、1人1人に目を配りながら、なおかつ全員を輪っかでくくるイメージです。

👦 all だとどうなりますか？

👴 all は**「すべてを網でかぶせるイメージ」**です。網の中には複数の物体、あるいは人たちがいて、しかも1つ1つには目を配らず、全部を一緒くたにしてまとめてしまいます。

👦 all の後ろには複数形の可算名詞がくるのはそういうイメージからなのですね。

👴 そうなんです。また every と違い不可算名詞も使えます。⭕ all water（水全部）と言えるわけです。

👦 網の代わりに、袋に水を全部詰めるイメージですね。

👴 その通りです。それでは、Hello, all. よりも Hello, everyone. の方が丁寧だという理由はわかりましたか？

👦 はい。everyone は1人1人に目を配り、敬意を払っている感じがしますね。一方で all は全員が一緒くたで、1人1人を特に識別してもいない、雑な感じがしますね。

👴 その通りです。ではつぎに any を見てみましょう。

問題 2

以下の文の中での、anything と everything の意味の違いを説明せよ。

You're more important than <u>anything</u> else to me.
「僕にとって君は他の何よりも大事だ。」

You're <u>everything</u> to me.
「君は僕の全てだ。」

😊 どちらもざっくり言って「全部」というイメージを感じます。読む分にはなんとかなるけれど、自分で使うとなると、区別がむずかしいなぁ。

😄 まずは、any と every の共通点から見ていきましょう。両者の共通点は「1人1人を指す」ということです。

例 Anyone can be positive when things are going well.

訳 「物事がうまくいっているときには誰だって前向きになれるものだ。」

例 Everyone thought it was just a joke.

訳 「誰もがそれをただのジョークだと思った。」

上の例文の anyone も everyone も、話題に出ている人間1人1人を指しています。

😊 では、違いは何なのですか？

😄 すでに説明した every は「1つ1つ」を指しつつ、なおかつ「全部」という意味を持ちます。上の例文の everyone は話題の場所にいた人たち「全員」を意味しています。しかし、any は「1つ1つ」をランダムに取り出して見せるだけです。つまり any は every のように「全部」を輪っかでくくることはなく、**「任意の選択」のみを表しているのです。**

😊 確かに。anyone の例文では「どこの全員なのか」の話は出ていないですね。「誰だって」は、サンプルを適当に1つ1つ見せている感じですね。

😄 every time と any time を比べるとわかりますが、every time は every の「全部」の意味のせいで、「毎回・必ず」という意味を出しますが、any time は any の「任意の選択」の意味のせいで、「どの時でも好きに選択してかまわない」ということに焦点が当たります。

例 The Buddha said that every time you go to bed, you should consider that you won't wake up.

訳 「寝る前にはいつも、2度と目が覚めないことを思うべきだとブッダは言った。」

例 Visit us any time you want.

訳 「いつでも好きなときにうちへいらっしゃい。」

なるほど。2番目の例文を仮に every time you want としたら、「行きたいと思うたびに訪ねる」ということになりますものね。any time にすることで、「好きな時を選択してよい」という感覚が表れるのですね。では all と every の「時間」を比較するとどんな感じになりますか？

every は「1つ1つ、全部」なので、every day や every month のように、「時間の繰り返し」を意味するのが普通なのに対して、all は「全てを網でかぶせる」イメージなので、「ある時間の全範囲をカバーする」意味が出ます。例えば all night long で「一晩中」、after all these years で「こんなに年月が経っても」、all the time で「（その話題の）間中ずっと」などです。

例 I'm still missing her, even after all these years.

訳 「今も彼女を恋しく思う。こんなに時間が経っても。」
→ 直訳：これらすべての年月のあとでさえ。

anyをより深く

最後に、any をより深く理解しましょう。まず any ですが、これは a/an や one を語源に持つ言葉です。

なるほど、any の持つ「任意に1つ1つ取り出して見せる」感覚はそこから来ているのですね。

そうです。気を付けるべきは、any には**「数量のランダム」**と**「種類のランダム」**という2つの意味がある、ということです。「数量のランダム」は主に、there is/are 構文や have を使った「存在を意味する疑問文」に使われ、「何個でもいいから、ある？」「どれだけの量でもよいのだけど、ある？」という意味を出します。否定文なら「何個であっても、ない」「ど

れだけの量であっても、ない」ということなので「ゼロ」という意味になります。可算不可算、どちらの名詞にでも使えるのが特徴です。anyの後ろにくる形ですが、**可算名詞の場合、「いくつであってもよい＝1個とは限らない＝複数形で使う」**となります。

😊 中学英語で習うやつですね？

例 Is there any water in the bottle?

訳 「ボトルに水は残っていますか？」
　　→ 直訳：どれだけの量でもよいけれど、水は存在しているか。

例 There aren't any pens in the box.

訳 「箱には、ペンが1本もない。」
　　→ 直訳：どれだけの数（だから名詞は複数形）であっても、ペンは存在していない＝ゼロ。

😊 ちなみに、「どれだけの量でもよいけれど、ある」というのは言いにくいので、肯定文では使いません。肯定文では「ある程度の数・量、取り出して存在する」ことを意味するsomeを使います。さて、次に、「種類のランダム」ですが、「ある種類のものの、どの1つをランダムにとってみても」ということを意味します。これは肯定文に使うことができます。

😊 高校英語で出てくるやつですね。これはanyの後ろが単数形になるんですよね。

😊 そうです。「どの1つをランダムに取り出してみても」という感覚のせいです。これは「1つ1つの形を識別する感覚」なので、「種類のランダム」のanyは可算名詞にしか使われません。

例 You can take any seat.

訳 「どの席に座っても結構ですよ。」

今回この項でeveryやallと比較したのは、「種類のランダム」のanyです。

まとめ

- allは全部を網でかぶせたり、袋でまとめるイメージ。可算名詞も不可算名詞も袋に入れられるので、どちらもallと共に使える。可算名詞は複数形で使う。

- everyは「1つ1つ、全て」、（種類のランダムの）anyは「サンプルをランダムに1つ1つ取り出して見せる」イメージ。どちらも可算名詞の単数形とともに使う。

others、another、
the other

明確に使い分けよう

ライティングの添削をしていると、othersとanother、そしてthe
otherの混同がよく見られます。以下に簡単にまとめますと、

> ✎ othersは「2回目のsome」。others、あるいはother〜sという複数
> 形で使うのが原則（不可算名詞と共に使う時には単数形）。
>
> ✎ anotherは「おかわりをもう1杯」。複数形の名詞と使う時も、「もう1
> 杯おかわり」の感覚は変わらない。
>
> ✎ the otherは「2つあるうちの残りの1つ」。the othersは「2グループ
> のうちの残りの1グループ」。

となります。

some と others

ではまずothersからお願いします。なぜ複数形で使うのですか？

someという言葉を可算名詞、例えばballと一緒に使うとどうなります
か？

some ballsという複数形になります。

そうですね。箱の中から適当に数個取り出して見せるのがsomeの意味
です。例えばHe brought some balls to me.（彼はいくつかボールを私
のところに持ってきた。）なら、聞き手の頭の中にはボールがいくつか

出現して、「彼」から「私」のところへ持っていく様子が見えるわけです。

（顔）それとothersがどう関係するのですか？

（顔）othersは2回目のsomeです。それがよくわかるのがイントロダクションの第2文で使う Some 動詞 〜 , while others 動詞 〜 . という表現です（第1章第2項参照）。

（顔）「中には〜する者もいるし、また〜する者もいる。」というやつですね。

（顔）そうです。このようにsomeとothersはペアで使われます。

例 **Some people think it is useful, while others**（もしくは**other people**）**think it is not.**

訳「中にはそれが有益だと考える人たちもいれば、そうでないと考える人たちもいる。」

という文ならば、この文が表すイメージは、

---

1 1回目に箱の中から適当に人々を取り出してみると（some people）、その人たちは「それが有益だ」と考えていて

2 その人たちとは別に、またもう一度箱の中から適当に人々を取り出してみると（othersもしくはother people）、この人たちは「それが有益だ」とは考えていない

となります。

（顔）なるほど、だからothersは「2回目のsome」か。

（顔）someが複数形の可算名詞と共に使われるのと同様、otherも複数形のothersか、other＋可算名詞の複数形で使われることになるわけです。

では次にanotherについて教えてください。なぜ「おかわり」という意味になるのですか。

anotherはan+otherです。つまり「同じ種類のものの中からどれでもいいから1つ取り出す」＋「先ほどのものとは別のもの」ということです。例えばCould you show me another T-shirt?（別のTシャツを見せてもらえませんか?）なら、「先ほどのTシャツとは別に、同じ種類のもの（=Tシャツ）をもう1つ」というわけで、だから「Tシャツのおかわり」を意味するわけです。

anotherはan+otherだから、必ず単数扱いなのだ、と習ったのですが、実際には「another+複数形名詞」という形も見ますよね。あれは例外なのですか?

例外ではありません。anotherの根っこの意味は「おかわりをもう1つ」で、それは揺るぎません。例えば、We had to walk another two miles.（私たちはもう2マイル歩かなければならなかった。）なら、「歩くことのおかわりをもう1つ」、つまり「もうひと歩きしなければならなかった」ということなのです。その「もうひと歩きの量」が2マイルだけであって、言ってみればそれは、おかわりをした「もうひと歩きの御茶碗の中に入った距離の量が2マイルだ」、と言っているだけなのです。

anotherにはもう1つ、**「それは別物だ」**という使い方がありますよね。例えば、

例 Reading a foreign language is one thing, and speaking it is another.

訳 「ある外国語を読むのと話すのは、また別の話だ。」

のように。これは「おかわり」のイメージとは程遠い感じがするのですが。

確かに一見異なるように見えますが、根っこは同じです。例えば、1杯目に食べるご飯と、おかわりしたご飯は、同じ種類だけれども、全く同一のものではないですよね。

それはそうです。全く同一なら、一度食べたものをまた茶碗に戻して、食べ直すことになりますからね。

つまりanotherの「おかわり」のイメージの中には「同じ種類のもの、あるいは似たような類のものだけれど、同一というわけではない」という意味が潜んでいて、それが上記のような言い回しに使われるのです。ですからanotherのいう「別」は、「全く違うもの」というよりは「**似て見えるかもしれないが、同じものではない**」という意味から出た「別物」だと理解するべきですね。

それでは次にthe otherをお願いします。

大事なのは「**2つあるうちの**」という前提をthe otherが持つということです。例えば、A、B、Cの3つあるうち、Aを取り除けば、残りはBですか? それともCですか?

さぁ……、Bかもしれないし、Cかもしれませんね。

その通りです。つまりBかCか「決まらない」わけです。では、A、Bの2つのうち、Aを取り除けば、残りは?

Bしかありませんね。

その通りです。その「それしかない」を表すのがtheです。the otherが表すのは、「AとB、2つあるうちからAを取り除いた、もうそれしかない（the）、そしてAとは別のもの（other）」です。下の例文では2つの車のうち、赤い車を取り除けば、残りは青い車しかない、ということを表します。

例 There are two cars. One is red and <u>the other</u> is blue.

訳 「2つ車がある。1つは赤で、<u>もう1つ</u>は青だ。」

162

😊 日本語訳が「もう1つ」となっていても、「おかわり」を表すanotherではないわけですね。

😄 そうです。日本語につられないようにしましょう。次にthe othersですが、これは、「残りの全部」を表します。**ある集団を2つのグループに分けたうちの、残りの一方のグループが、複数の物体で構成されるとき、the others となるわけです。**

🔲 Jill and Kate are going to stay here, and the others are going to come with me.

訳 「ジルとケイトはここに残る。残りは全員私と一緒にくるんだ。」

それでは問題を通して、使用法の確認をしてみましょう。

😊 はい。

問題 1

適切なものを選択肢から選べ。

「彼は他人の言うことに耳を傾けようとはしなかった。」
He wouldn't listen to (　　　　　).

1. other　　　2. others　　　3. another　　　4. the others

😄 この問題のポイントは、日本語にのみこだわるのではなくて、日本語から出てくる映像をきちんと思い描くことにあります。例えば、「他人」は単数ですか？複数ですか？

😊 たった1人の他人に耳を傾けない、というのは不自然ですね。複数の人を表すはずです。

😄 ですからotherという単数形はありえないことがわかりますね。それではこの問題文は、さっき出てきた人に追加してもう1人新しい人が出て

きた」、という文脈ですか？

そういう文脈ではないです。

その通り。ですからanotherというのもありえないわけです。では、この問題での「他人」というのは「残り全員」を意味しますか？

しませんね。なるほど、答えは2. othersということですね。

そうです。漠然と「他人」と言う時に、使うのがothers（もしくはother people）です。

問題 2

適切なものを選択肢から選べ。

「あいつは今、川の反対側にいるよ。」
He is on （　　　　　　　） side of the river.

1. others　　　2. another　　　3. the other

これも「反対側」という日本語にとらわれずに映像を頭に浮かべることが大事です。河岸というのは普通いくつありますか？

2つです。

自分たちがいるのが、2つある岸の一方です。さて「反対側」というのは？

なるほど、「2つあるうちの残りの一方」ですか。3. the otherですね。

不用意な the を付けない

指定があるかないか

項

😊 ライティングの添削をしていると、不用意にtheを付ける人がよく見られます。

🙂 例えばどのようなものですか?

Eating out is better than eating at home because it is fun. For example, we can eat *the meals with friends.

英語から受ける印象「家で食べるより外食の方がよい。なぜなら楽しいからだ。例えば、友人たちと一緒に*その食事を食べることができる。」

😊 このように、聞き手にとっては唐突な印象があり、「その食事って何の食事だよ?」と突っ込みたくなるわけです。なぜ唐突に感じるのか、と言えば、theというのは話し手と聞き手の間の「ああ、それのことね」「そう、それのことだよ」という了解を表すわけです。その了解をすっ飛ばしていきなり「知ってるよね」と言われたら、つまり、theを使われたら、聞き手は「何? 何の話」という気がして、唐突に感じるわけです。

🙂 そうなのですね。こちらとしては使い方がよくわからないから、不安でついつい、theとかaとか付けてしまうんですよね。

😊 **不用意なtheが持つ「唐突さ」を実感できるようになれば、こういうところでは総称用法にするべきだ、という感覚もわかってきます。**

🙂 ここではwe can eat meals with friendsの方が自然だということですね。

😊 そうです。無冠詞複数形の総称用法は、「食事という種類のもの」、つまり、**「何の種類の話なのか」**を説明する時に使います。

章

総称用法と守めを使いこなす ― 第26項

日本語での言いたいことを考えると、文中にある2つの the は、どちらかが自然でもう1つは不自然である。どちらがどうなのか、そしてそうなる理由を説明せよ。

言いたいこと:「2週間前私は、スーパーでたまたま昔の友達に出会った。」
Two weeks ago I ran into the old friend of mine in the grocery store.

😊 日本語からすると、ここで言う「昔の友達」というのは、「さっき言ったその友達」ではなくて、「とある友達」という感じに聞こえますから、the old friend of mine というのはおかしくて、an old friend of mine の方が自然ですね。the だと、聞いている方は「え?どの友達の話?」と困惑することになるんじゃないですか?

😌 よくできました。そのとおりです。

「いつものあの場所」では説明がつかない the の用法

😊 でも the grocery store が自然だ、というのがピンとこないです。このスーパーマーケットは、それまでに話に出てきたものではないでしょうし。

😌 ここには **「無意識の指定」** と呼べるものが働いています。例えば何気なく「駅に行ってくるよ」と言う時、それはインドのムンバイの駅だったり、ニューヨークのグランドセントラル駅だったりしますか?

😊 そんなわけないですね。自分の生活の中でいつも利用する、「言わなくてもわかるあの駅」のことになるでしょう。

😌 ですよね。そういう無意識にはたらく指定の気持ちのせいで "I'm going to the station." となるわけで、ここでの the grocery store も「いつも行っているその」という感覚が働いています。

😊 う〜ん……、そういう説明って聞いたことありますけれど、いまいち納

得できないんですよ。ネイティブの使い方を聞いていると結構雑な使い方をしていて、初めての土地で行くスーパーだったとしても、I went to the grocery store. というふうにtheを付けていますよ。他にも、初めて行く海水浴の場所でもI went to the beach. って言ったりしていますし。何ならどこのビーチでもいい、一般論の話をする時でさえ、

例 When you go to the beach, you should bring sunscreen with you.

訳 「海水浴に行くなら、日焼け止めを持って行った方がいい。」

と言ったりしますよ。

😊 確かに。その点に関しては私も、**「いつもの場所のthe」**を少し拡張した用法が成立しているのではないかと思っています。一説ではもともと人々にとっての世界が村などの小さな共同体だった時代の名残で、村人にとっては山といえばそこの山、教会といえばそこの教会、ビーチといえばそこのビーチというふうに、「そこしかない」と限定されてしまっていたことによるものだと言われています。

😊 その表現が、もっと世界が広がった現代でも習慣的に使われているということですか。

😊 そうですね。the beach、the mountains、the grocery store、the movie theater、the church といった言葉は、**たとえそれが初めての場所だったとしても、「初めてだ、いつもと違う場所だ」ということをわざわざ表す必要がないならそのまま習慣的にtheを付けているように思えます。**

😊 では、theを付けずにaを使う時はどんな時ですか?

😊 物語風に、話の中に初登場させる時に、aを使います。

例 I drove miles and miles and finally found a grocery store.

訳 「何マイルも車を運転して、ようやく1軒のスーパーを見つけた。」

🙂 抽選箱からランダムに１個、物語の舞台に取り出されたような感じですね。

😀 また「〜という種類」の中から、具体的に１つ取り出す時にも使います。

例 Copacabana is a famous beach in Rio de Janeiro.

訳 「コパカバーナはリオデジャネイロにある有名なビーチです。」

🙂 ビーチと呼ばれる種類の中から、具体的に１つ
取り出したビーチがコパカバーナなのですね。

Rio de Janeiro
Copacabana

"目の前の" the

😀 私が「目の前の the」と呼んでいる the があります。面白いのは、冒頭
で間違った使用例として紹介した「唐突に感じる the」に流れる感覚を
逆手にとったものだ、ということです。

🙂 どういうものですか?

例 I got on the bus.

訳 「私はバスに乗った。」

例 She was standing in the rain.

訳 「彼女は雨の中立っていた。」

例 The rain is over.

訳 「雨はやんだよ。」

😀 これらの the は、いきなり出てきます。つまり「さっきすでに述べたあの」
バスでも雨でもない、という意味で、the の約束事を無視しているわけ
です。こういった the は聞き手に、あたかもその場にいるような臨場感
を与える効果があります。

🙂 どうして臨場感が生まれるのですか?

😐 日本語でも、例えば物語の最初の1文が「その男には、頬に大きな傷があった。」というような始まり方をすれば、読者はいきなりその「男」の目の前に立たされた気になりますよね。

🙂 たしかに。なぜそうなるのだろう？

😐 鍵となるのは**「そばにいるから、言わなくてもわかる」**、ということです。以下の問題を考えてみてください。

問題 2

あなたは食事をしています。相手のそばにある塩をとってもらいたくて、「塩をとってもらえませんか」という時、空欄にはどちらが入るのが自然ですか。

Could you pass me （　　　　　　）？

1. salt　　2. the salt

🙂 う〜ん、2の the salt かな。

😐 なぜそう思いました？

🙂 塩、と言われた時、どこの塩でもよいわけではなくて、目の前にあるその塩に指定されることが暗黙の了解としてあるからですね。

😐 そのとおりです。今まで塩の話は1度もしていなくても、「塩をとって」と言われれば、それは**目の前の塩**だ、という指定が発生するわけです。

🙂 そうか。その了解の延長線上で、いきなり登場するものに the が付いている時には「目の前にあるその○○」という感覚が生まれるわけか。

😐 それが聞き手に感じさせる臨場感を生み出すわけです。

例 I opened the window and looked out.

訳 「私は窓を開け、外を見た。」

→ この「窓」は話の中で初めて出てくるもので、話者である「私」の目の前にあるその窓、ということが表されている。

なぜここに the が付くのか

the がデフォルトで付くもの

the がデフォルトで付く形容詞

形容詞＋名詞というかたまりにおいて、この形容詞にはデフォルトで the が付く、というものがいくつかあります。

問題 1

以下の空欄に入る適切な選択肢を選べ。

(1)「私が住んでいるところでも全く同じことが起きた。」

Pretty much (　　　　) happened where I live.

1. a same thing　　　　2. the same thing　　　　3. same thing

(2)「私たちはどうやら似た境遇にいるらしい。」

We seem to be in (　　　　) .

1. a similar situation　2. the similar situation　3. similar situation

う〜ん……、どっちも 2. の the が付きそうな……。

正解は (1) が 2. の the same thing で、(2) は 1. の a similar situation です。この違いは、same と similar の意味の違いによって起きます。

どういうことですか?

same は「同じ」、similar は「似たような」ということです。このうち「たくさんある」のはどちらだと思いますか?

「似たような」、かな。

170

そうです。「似たような話はこの世には掃いて捨てるほどある」とか、「類似品にご注意を」という言い方があるように、「類似」というのはゆるいグループを作り、その構成メンバーはたくさん存在します。したがって、（2）では**「たくさんある、似たような状況のうちの、とある1つの状況」**という感覚によりa similar situationとなります。

sameはどうなのですか？

「同一」「一致」という言い方があるように、「同じ」というものは**「まさにそれ」という指定の感覚**を持ちます。したがって（1）はthe same thingとなります。これと同じことがonlyやright（正しい）という形容詞にも当てはまります。

onlyは「それしかない」、rightは「それこそが正しい」という感覚からtheが付くのか。

そうです。例を見てみましょう。

例 I believe this is the only way to improve our lives.

訳 「我々の生活を向上させるにはこれしかないと信じている。」

例 Do the right thing.

訳 「正しいことをしなさい。」

たしか、nextもtheを付けると思うのですが、これも同じ理由なのですか？

nextは「次の」という、**順番の感覚**ですから、first（1番目の）やsecond（2番目の）などの序数が持つ「2番目や3番目ではなくて1番目だよ」という感覚でtheを付けます。

「次だよ、その後とかじゃないからね」という**指定の感覚**ですね。

例 We will come to take the technology for granted <u>in the next few</u> <u>years.</u>

訳 「数年後には我々はその技術を当たり前に思っているだろう。」
→「in two days（今から２日後）」などin＋期間は「今から～後」。「in the next＋期間」で「今から数えて次の（期間）の後」。

グループのthe

😐 次の問いを考えてみてください。

問題2

the United States of Americaになぜtheが付くのか説明せよ。

😐 考えたこともないです。

😐 ここでは**「グループのthe」**と私が呼んでいるものを説明します。これは「the＋複数形」という形で現れるのが典型です。バンド名のthe Beatles、野球チーム名のthe New York Yankees、家族名を表すthe Simpsons（シンプソン一家）などがそうです。

the
他のじゃなくてそれだよ

(1) 指定するモノを輪っかでくくり、それ以外のものを排除する働き。
(2) 輪っかの中にいるメンバーをひとくくりにまとめる働き。

😐 なぜtheが付くのですか？

😐 theはイラストにあるように、①他のものを排除すると同時に、②グループを作る働きが出てきます。それがthe＋複数形名詞という形で表されます。the United States of Americaは50の州が集まって1つの国家をなしていることを表します。

😐 the United Nations（国連）やthe United Kingdom（イギリス連合王国）などもそうですか。

そうです。すでに総称用法で説明したthe＋複数形名詞（the Americans：アメリカ人というもの）や、the＋形容詞（the rich：お金持ちの人々、富裕層）、さらには複数の山が集まって1つの連峰をなすthe Alps（アルプス連峰）や、100あまりの島々が集まって、1つの諸島をなすthe Philippine Islands（フィリピン諸島）というのもあります。

問題 3

environment（環境）やeconomy（経済）には基本的にtheが付く。なぜなのか説明せよ。

へぇ、theが付くんですか。それ自体知りませんでした。

この問いに答える前に、the solar system（太陽系）やthe cosmos（宇宙）といった言葉になぜtheが付くのか解説しましょう。これも一種の「グループのthe」です。太陽系や宇宙などは、それ自体1つのsystemというまとまりです。systemは「一緒になって立つ」が語源で、バラバラではなく有機的に連動したまとまりを意味します。太陽系の「系」ですが、その字義は「1つにまとまった糸」です。偶然ですが、「系」という字もsystemのイメージをよく表しています。

そうした有機的なまとまりを表す「グループのthe」なのですか？「この世に1つしかない」、という意味のtheだと思っていましたが。

もちろん太陽や月、地球などと同様に「1つしかないもの」と考えることもできます。しかし、the Sun, the Earth, the Moon, the Universeなどは、固有名詞的に大文字にされることがよくあるものの、the solar systemやthe cosmosにはそれがありません。

あれ？　同じ宇宙でもthe Universeは大文字になることがあるのですね。

はい。universeは「神羅万象」、つまり世界のありとあらゆるもの、というイメージが強い言葉です。uniは「1」、verseは「回転」を表し、**語源は「くるりと回って1つになる」という「全部を1つに」というこ**

とです。ですから、大文字で始まって「1つしかない」という固有名詞的な表され方もするのだと考えられます。一方でcosmosは「秩序だった体系としての宇宙」というのがその意味で、chaos（混沌）の反対語でもあります。

では the solar system の system に近い意味が the cosmos には含まれているというわけですね。

そういうわけです。さて、本題の environment（環境）や economy（経済）に戻りますが、環境も経済も、連動的、有機的にまとまった1つのシステムです。したがって、**ライティングやスピーキングで漠然と「環境に……」「経済が……」などという時には the を忘れないようにしま**しょう。その他、「生態系」を意味する ecosystem も、コーパス（COCA）で調べるとやはり the を付けるのが一般的であることがわかります。

よく使う言葉だから、覚えておかないといけないですね！

most students と most of the students の違い

最後に、英語学習者の間で the の欠落のミスが目立つ、「most of the 名詞」の表現を解説します。

問題 4

どちらも日本語では「ほとんどの学生たち」と訳される、most students と most of the students の意味の違いを説明せよ。

え？ 意味に違いがあるんですか？

あります。使い分けができないといけません。ポイントは、most は「some が多くなった版」なのだ、ということです。

どういうことですか？

😀 some というのは**「適当な数、あるいは量を箱から取り出し、話の舞台上にのせて、聞き手に見せる」**というイメージを持つ言葉です（第4章第21項参照）。most は、**「箱の中からほとんどの数、あるいは量を適当に取り出して、聞き手に見せる」**という意味です。

🙂 では most students と most of the students の違いは？

😀 世の中に存在する学生と呼ばれるもの、つまり総称の世界からそのほとんどを取り出すのが most students です。特にどの学生かも指定せずランダムに取り出しているので、the はどこにも付きません。一方で most of the students は、ある特定の学生のグループがいて、そこからとり出された「ほとんどの学生たち」を表します。例えば「君の学校の学生」といったような文脈があって、そのうちのほとんどが、という時に most of the students が使われます。

🙂 ある特定の学生たちのうちの、という限定があるから the が必要なのですね！

例 Most students would say that they want to study abroad.

訳 「ほとんどの学生が留学をしたいと言うだろう。」（一般論。世の中の学生全般の話。）

例 Most of the students didn't know that the test had been canceled.

訳 「ほとんどの学生たちがテストの中止を知らなかった。」（学校など、特定のグループ内の学生たちの話。）

第3章、第4章のまとめ

英語の世界の「モノ」の見え方一覧

第3章 --

可算名詞と不可算名詞（第13項と第15項）

モノを「形の仲間」として見る 可算名詞	モノを「性質・材質の仲間」として見る不可算名詞
英語における「1個」の正体： それ以上崩したら、それと呼べなくなる「形」のこと	モノを性質・材質で見る時： いくら形を崩しても氷は氷と呼べるように、「これ以上崩してはいけない」という形を持たない。

非同質性・不均質性を持つモノ：

可算名詞の典型。自動車など、異質の部分が集まって1つのまるごとの形を成立させる。
自動車の形を崩しても、自動車という「材質」にはならない。parts of a car とは呼べるが、apple や egg のような不可算名詞 car にはならない。

形は持つが、中身は均質なモノ：

可算名詞と不可算名詞の中間。リンゴや卵など、形が丸ごと揃っているときは an apple のように可算名詞だが、切ったり潰したりして形が崩れると、中身の均質性により、(some) apple のような不可算名詞扱いになる。

同質性・均質性を持つモノ：

不可算名詞の典型。氷やガラス、塩や砂のように、中身が均質で、「それ以上崩したら、それとは呼べなくなるという形」を持たない。どこをとっても同じという同質性を持つ。

some apples

some apple

機能を表す不可算名詞

氷は冷たい、革は水を弾き丈夫だ、など、材質・性質は機能としても認識される結果、機能に着目されると、その名詞は不可算名詞になる。例：建物としてのa school（可算）と、授業・カリキュラムとしてのschool（不可算）（第18項参照）

その他

可算名詞の複数形と、不可算名詞の単数形

可算名詞には複製性という特徴があり、不可算名詞には拡張性および収縮性という特徴がある。同じ「増えた」について考える時、「猫が増えた」なら猫の形が複製されて、「数が増える」ことを意味するが、「水が増えた」なら水の体積が大きくなるだけで、「水の形が複製されて数が増える」というようなことにはならない。複製されて数が増えることを表すのが英語の複数形。一方で水のような不可算名詞は、数は増えないので単数形のまま。

冠詞aが常に表す2つの意味（第14項）

 aは以下の2つの意味を同時に表す。どちらか一方が欠けてもaは使えない。

1つの形が丸ごと揃っていることを意味する

● 非同質性を持つモノ
a car: 異質なパーツが集まり、1台の車という形のまとまりを持っている。

● 形はあるが、中身は均質なモノ
an egg: 卵まるごと1個の形を持っている。
some egg: 形が崩れて均質な性質をもつとaは付かなくなる。

ランダムに1つ、取り出して話の舞台上に存在させる

■ 「同じ種類のモノの中からどれでもよいから取り出した1つ」なので、「他にない、これしかない」という限定を意味するtheやmyなどの言葉や固有名詞とは一緒には使えない。a Tokyoなら「東京が持つ様々な表情のうちのとある1つ」を意味する。

■ 「とある1つのものを話の舞台上に取り出し聞き手に見せる」ので、初登場であることをaで表せる。

■ 「取り出して存在させる」ことを意味するので、a fewやa littleなどに「存在」の意味を持たせる。

不可算名詞で見る世界（第15 〜 18項）

同じ性質を持つグループを表す名称は不可算名詞になる（第15項と第16項）

furniture, food, fruit, baggage など。例えば furniture なら、その構成メンバーである a desk や a chair のような具体的な形に注目せず、家具全体が共通して持つ「家に備えて、衣食住に役立たせる道具」という「性質・機能」のみに注目して furniture という名称を与えているので、不可算名詞になる。food や fruit は具体的なものの形ではなく、「食べ物」「果物」というカテゴリーの概念のみを表す不可算名詞だが、a Japanese food など「日本食と呼ばれるものの中のとある1つの種類の食べ物」というように個別の種類を意味する時には可算名詞となる。また、clothes や groceries など、不可算複数形名詞と呼べるような、決して単数名詞では扱わず常に複数形で扱うものがある。some や a lot of など漠然とした数でしか扱えない、「形に注目せず、共通の性質に注目」するという不可算名詞の特徴を残しながら、複数形という形は維持する特殊な名詞群である。

同じものでも形に注目する（可算名詞）か、性質に注目するか（不可算名詞）で名称が変わる名詞がある（第17項）

a tree（1本の木）と wood（木材）、a machine（1台の機械）と machinery（機械類）、a house（1軒の家）と housing（住宅環境）など。日本語訳にすると区別がつきにくいので注意。

機能を表す名詞は不可算名詞（第18項）

モノを性質や材質の仲間として分類したことで始まった不可算名詞だが、モノの性質や材質を人類は機能として利用してきた。したがって、性質や材質だけではなく、機能を表す名詞も不可算名詞となった。テレビという機械を表す a TV と、テレビ放送というテレビの機能を表す TV や、1回の食事を表す a meal と、その meal を朝用、昼用、夜用のどの機能として食べるのかを表す breakfast, lunch, dinner など。

動詞から派生した抽象名詞の可算不可算（第19、20項）

動詞から派生した名詞は、an explosion（1回の爆発）や a walk（1回の散歩）のように、「動作の開始〜終了」という「1回の動作のまとまり」を意味する場合は可算名詞であり、knowledge（知識）のように「動作の開始〜終了（いつ知り始め、いつ知り終わるのか）」に注目せず、動作の概念、動作の性質に注目している場合には不可算名詞である。どこをとっても同じ動作の状態という、同質性を特徴とする。そのため同じ動詞でも two marriages（2度の結婚）というふうに始まりと終わりという区切りに注目する場合は可算名詞となり、various forms of marriage（さまざまな形の結婚）というように、「結婚とはなんぞや」という概念、そして、「どこをとっても結婚している状態」という同質性があれば不可算名詞である。

総称用法（第21 〜 23項）

名詞には「概念の名詞」と「実体の名詞」があり、前者は「〜とは何ぞや」という種類の話を表し、後者はそれらが実体として話し手と聞き手の頭の中、もしくは実際の世界に出現することを表す。そして、**英語ではこの「概念の名詞」が総称用法として表される。**もっとも普通に使われるのが「無冠詞の複数形（不可算名詞なら単数形）」で、その他には辞書的な定義を表すのが主語に使われる「a+単数形」、他の種類との対立・対比を意味する「the+ 単数形」、人のグループを総称する「the+ 複数形」がある。

「あらゆる・すべて」を表す言葉（第24項）

■ every は「1つ1つ、全部」を意味し、every の後ろには単数形の可算名詞がくるのが普通で、不可算名詞には使わない。all はすべてを網でかぶせるイメージで、1つ1つに細かく目を配らない。

■ any は「ランダムにどれを1つ取ってみても」という a に近い感覚をもつ。any は every と違い、ランダムな選択のみを表し、全部を選択することがない。any には種類のランダムを表す「any＋単数形名詞」と、数量のランダムを表す「any ＋複数形名詞（不可算名詞なら単数形）」がある。後者は have や there is 構文など存在を表す文で使う。

other, another, the other（第25項）

■ others は「2回目の some」。可算名詞とともに使う時には必ず other 〜 s という複数形で使う。

■ another は「おかわりをもう1杯」。複数形の名詞と使う時も、「もう1杯おかわり」の感覚は変わらない。

■ the other は「2つあるうちの残りの1つ」。the others は「2グループのうちの残りの1グループ」。

the の使い方（第26、27項）

the の根っこは「他のではなく、それ」。そこから、話し手と聞き手のあいだで共通に了解している情報（今言ったそれ）という意味で使われたり、臨場感を出す「目の前の the」（目の前にあるその）という意味で使われたりする。また the same や the only など、「限定・指定」を意味する形容詞には the が付くのがデフォルトである。また、「グループを1つにまとめる the」という用法もあり、the United States of America や、the old（高齢者層）などといった形で使われる。また、1つのまとまった系統を持ったグループにも the は付き、the economy や the environment などとなる。

問題演習 4　総称用法・any や every・冠詞など

　One of the things that impresses (1) <u>foreign tourists</u> visiting Japan is that it's a pretty clean country. I have heard many foreign visitors saying, "Why are the walls of (2) <u>Japanese buildings</u> so clean?" "Why are (3) <u>the streets</u> so clean though there are so few trash cans on the streets?" (4) <u>Most Japanese people</u> seem to take it for granted that they should take care of (5) <u>the garbage</u> they make, and if asked why, they (6) <u>would</u> be stuck for an answer. Of course, this is not the case with (7) <u>everyone</u> in Japan. You will often see back roads littered with (8) <u>empty packaging</u>, coffee cans and cigarette butts. That is, not all Japanese people do (9) <u>the right thing</u> when no one is watching. It is a matter of social pressure, and (10) <u>social pressure seems to be stronger in Japan than in other countries</u>.

1. 下線部 (1) に the を付けるのと付けないのでは、どういう意味の違いがうまれるか、説明せよ。また、some と付けるとどういう意味になるか。

2. 下線部 (2) は「裸の」複数形名詞であるが、これによりどういう意味が表されるか、述べよ。

3. 下線部 (3) の the は何を指しているか、述べよ。

4. 下線部 (4) で、most Japanese people と most of the Japanese people ではどのような印象の違いがあるか、述べよ。

5. 下線部 (5) はなぜ the が付いているのか、説明せよ。

6. 下線部 (6) はなぜ will ではなく would になっているのか、説明せよ。

7. 下線部 (7) を anyone にすると、どういう意味になるか、述べよ。

8. 下線部 (8) の empty packaging（空箱、空のパックなどの包装材料）は不可算名詞である。なぜそうなのか、説明せよ。

9. 下線部 (9) にはなぜ the が付いているのか、説明せよ。

10.下線部（10）を仮主語 it を使って書き換えよ。

解答例 ....

1. the を付けなければ総称用法として、「いわゆる『外国人旅行者』と呼ばれるところの人たち」という「種類の名称」の話になるが、the を付けると、「さっき述べたその外国人旅行者たち」、あるいは後続の visiting Japan を意識すると、「他の国への旅行者ではなく、日本に来る外国人旅行者たち」となる。some を付けると「日本を訪れる一部の外国人旅行者」となる。

2. 概念・総称として表している。「いわゆる『日本の建物』とよばれるところのもの全体」を指す、「種類の名称」。

3. この the はすでに出てきている「日本」を指し、the streets で「日本の道路」ということを表している。

4. most of the Japanese people にすると、of the のせいで「今述べた特定の日本の人々から取り出したほとんど（の人々）」という意味になるか、総称的な「the＋複数形の人々」という表現として、「他の民族ではなく、日本人から取り出したほとんど（の人々）」という意味になるが、most Japanese people は of the がないせいで、「どこか決められた枠から取り出す」というイメージがなく、漠然と「ほとんどの日本人」という、不特定多数なイメージを出す。この漠然とした感じは some Japanese や many Japanese と同じ感覚。

5. 後ろにある they make に注目。「他のゴミではなく、彼らが出したゴミ」と特定されているので the を付ける必要がある。

6. 「問われれば」というのはあくまで仮の話であり、実際に問うことはないけれどね、という気持ちのもと、「仮に問われれば、答えに詰まるだろう」という予想を話す、仮定法過去のため would を使っている。仮定法については第2章第12項を参照。

7. この文が否定文であることに注目。all, every, always など「100％」を意味する言葉に not が付くと「すべてが〜というわけではない」「常に〜というわけではない」という部分否定になる。ここでは「日本人全員に当てはまるわけではない」。一方 any に not が付くと「どの1人とってみても、not＝「1人もいない」という全否定になる。したがって「どの日本人にも当てはまりはしない」となる。this is not the case with A で「A には当てはまらない」。

8. 例えば売り物の新聞はそれ以上分割して売ることができない、売り物の新聞としてのひとまとまり（a newspaper）があるが、古新聞紙となると、ただの「素材」であり、いくらちぎっても古新聞紙は古新聞紙である（some newspaper）。これ

と同じく packaging（パックや箱に使う紙やプラスチックなど）も形を意識しない梱包用の素材であるので不可算名詞。

9. 「まさにそれこそが正しいことであり、それ以外はまちがいである」という「これしかない」という感覚が right＋名詞にデフォルトで the を付けさせる。

10. It seems (that) social pressure is stronger in Japan than in other countries. seem や is said などの書き換えについては第 2 章第 9 項を参照。

和訳

日本を訪れる外国人旅行者が感心することの 1 つは、日本がとても清潔な国である、ということである。私はこれまで外国人旅行者が「どうして日本の建物って（外壁が）黒ずんでいないの？」「通りにゴミ箱がほとんどないのに、どうして道がこんなにきれいなの？」と言うのを何度も耳にしてきた。ほとんどの日本人が、自分で出したゴミは自分で片付けるのが当たり前と思っており、もしなぜかと問われれば、彼らは答えに詰まるだろう。もちろんこれはすべての日本人にあてはまるというわけではない。包装紙の紙屑や、コーヒー缶、タバコの吸殻が散らばった裏通りを目にすることもよくあるだろう。つまり、誰も見ていないところでは、すべての日本人が正しいことをするとは限らないのだ。これは社会的圧力の問題であり、他の国よりも日本ではこの圧力が高いように見える。

第5章

節と修飾句

　この章では、節と修飾句の使い方について学びます。英語の情報の流れとして、「軽い情報を先に言い、重い情報を後に言う」というものがありますが、この原則はさまざまな後置修飾に現れてきます。その中でも特に重い情報を加えるのは関係詞（関係代名詞・関係副詞）です。ここでは学校で学んだ「ルール」を超えて、実際にはどんな関係代名詞がよく使われるのか、どのような使い方をするのかがデータで紹介されます。また、分詞構文、疑問詞＋to 不定詞、if の名詞節と副詞節、間接疑問文など、さまざまな便利な表現の使い方を学んでいきます。

分詞の形容詞的用法と
不定詞の形容詞的用法

「後置修飾」の確認

英語の語順の原則

😀 英語の語順というのは「脳フレンドリー」な原則があって、わかりやすい（軽い）情報を先に、わかりにくい（重い）情報は後で、という並べ方を原則とします。

🙂 具体的に言うと？

😀 わかりやすい情報には、

> 🖋 短い情報
> 🖋 旧情報
> 🖋 抽象的な情報

の3つがあります。
「短い情報」は文字通り短く、脳は負担を感じずに情報を処理できます。

例 the boy I saw yesterday

　　短い情報　　　　　長い情報

訳 「昨日私が見かけた男の子」

「旧情報」というのは、既に知っている情報なので理解しやすく、脳の負担は小さいわけです。

例 "Why did you go there?" "I went there because Jim told me to

〔旧情報〕 〔新情報〕

do so."

訳 「どうしてそこへ行ったんだ。」「ジムがそうしろと言うから、行ったんだ。」

→「そこへ行った」ことは問いで既に出てきた旧情報。becauseは新情報の理由を導く
言葉なので、文の後半に出てくるのが普通。

「抽象的な情報」の「抽象」とは、ここでは「共通点を抜き出す」こと
だと思えばよいです。例えば「キャベツ、にんじん、玉ねぎ」などを抽
象化し、情報を圧縮すると「野菜」という言葉になります。具体的な情
報が欠落することで情報は「軽くなる」わけです。これと同様に、**あら
ゆる物体や物事を抽象化したthingsや、
あらゆる状況を抽象化した仮主語・仮目的
語のitなども代表的な抽象情報です。**

例 things like what you did last night are ...

〔抽象情報〕 〔具体情報（thingsの詳しい内容の説明）〕

訳 「昨夜君がやったようなことは……」

例 It is very hard to distinguish between the two.

〔抽象情報〕 〔具体情報（「状況」を意味する仮主語itの詳しい内容の説明）〕

訳 「その２つを見分けることはとても難しい。」

英語の参考書などでよく言われる「大事な情報は後で言う」というのは、
逆に言えば、「簡単でわかりやすいものから先に聞かせる」ということ
なのですね。

そうです。

今回扱う後置修飾は上で紹介したthe boy I saw yesterdayや、things like what you did last nightのように、短く単純な情報である名詞句に、長く詳しい情報を与える形容詞句・形容詞節が続くパターンです。**名詞の後ろに修飾情報が配置されるので後置修飾**と呼ばれます。

すみません、形容詞や句とか節、それから修飾って何か説明しておいてもらえますか？

わかりました。

■形容詞

名詞の様子を説明する言葉。例えば「机」というのは名詞だが、それがどんな机なのかを説明する（＝修飾する）ための、「大きな（机）」、「父が私に買ってくれた（机）」といった言葉が形容詞。修飾とはこのように、「様子を説明する」こと。

■語・句・節

語：単語1語のこと。例:pen

句：複数の単語が集まり1つの意味のかたまりをなすもの。例:a penや、an expensive penなど

節：大きな文の中にある、小さなS+V〜のかたまり。例:an expensive pen that I bought yesterday

■呼ばれ方

例えば、全体で名詞の働きをする句なら名詞句と呼ばれます。an expensive penは名詞句ですが、itという代名詞で置き換えることができます（例:I bought an expensive pen.→I bought it.）。つまり、名詞と同じ働きをする句だから名詞句と言えます。また、an expensive pen that I bought yesterday（私が昨日買った高価なペン）なら、that I bought yesterdayという節は、名詞句であるan expensive penについて、「どんな高価なペンなのか」を説明しているので形容詞の働きをする節、つまり形容詞節だと言えます。

後置修飾の形容詞句

今回は**後置修飾の形容詞句**を説明します。

どのようなものがありますか？

形容詞句には主に現在分詞・過去分詞を使ったものと、不定詞を使うものがあります。前者を**分詞の形容詞的用法**、後者を**不定詞の形容詞的用法**と呼びます。

それぞれに意味の違いはあるのですか？

はい。まず現在分詞ですが、〜 ing は動作の途中であることを表すのが原則なので、**「〜している最中の○○」** というイメージを持つことになります。

例 We have more than 5 million people living in poverty.

訳 「我が国では500万人以上の人々が貧困の中で暮らしている。」
　　→ 貧困の中で「暮らしている最中」の人々なので、living という現在分詞になる。

過去分詞では？

直前の名詞が何かを「される」立場なら過去分詞を使います。

例 The time spent in college will never be wasted.

訳 「大学で過ごす時間は決して無駄にはならないだろう。」
　　→ the time は人によって「費やされる」立場なので、spent という過去分詞となる。

to不定詞だとどうなるのですか？

「→」を意味する to のおかげで、**「これから〜することに向かう」** という意味が出ます。

例 You know the right thing to do.

訳 「やるべきことがわかってるね。」
　　→ 直訳は「これらからすることに向かう (to do)、正しいこと (the right thing)」

187

なるほど、やっている最中の〜 ing とは違い、未来的な意味が出るのですね。

「これから向かう」というところから、**目標、目的の意味で使われる**こともよくあります。

語順の感覚の整理

後置修飾って語順がややこしいですよね。何か覚えるコツはありますか。

現在分詞と過去分詞の形容詞的用法は、進行形や受動態の文から be 動詞を抜いたものを作ればいいです。つまり、こうした**分詞の直前にくる名詞は、必ず分詞の意味上の「主語」の役割**を果たしています。

例 People are living in poverty.

訳 「人々は貧困の中で暮らしている。」

→ people [living in poverty] 「貧困の中暮らす人々」

貧困の中で生きている

何をしている最中の人々?

例 The time is spent in college.

訳 「大学（生活）の中で時間が費やされる。」

→ the time [spent in college] 「大学生活で費やされる時間」

大学で費やされる

何をされる時間?

不定詞が後置修飾で使われる場合の語順の特徴は?

不定詞句の直前にある名詞、つまり**先行詞は①不定詞句の意味上の主語、②意味上の目的語、③意味上の副詞の役割を果たす、という3つのパターン**があります。

① 先行詞が意味上の主語の例：

この時、不定詞句は多くの場合to be＋過去分詞となることが多い（あくまで「多い」だけであって、「必ず」、というわけではないことに注意。）

例 There is so much work to be done.

be doneの意味上の主語 ┗→ なされる（受動態）

何することに向かう多くの仕事？

訳 「なされるべき仕事がとてもたくさんある。」

② 先行詞が意味上の目的語の例：

例えばdo the right thing「正しいことをやる」において、doの目的語である the right thingを主役の情報にするために先頭に置き、それ以外は「どのような正しいことなのか」の説明のために不定詞句にして後ろに回す。

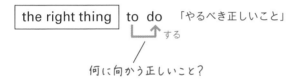

the right thing ｜ to do 「やるべき正しいこと」

┗→する

何に向かう正しいこと？

③ 先行詞が不定詞句の意味上の副詞の役割を果たす例：

書き言葉を含むある程度フォーマルなスタイルなら、最もよく使われる先行詞はtime, manner, wayの３つ。mannerとwayはどちらも「やり方」という意味。副詞は動詞の様子説明（どのように動作をするか）を行う品詞。

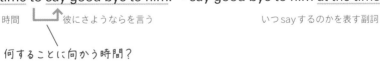

例 It's time to say good bye to him. →say good bye to him at the time

時間 ┗→彼にさようならを言う　　　　　　いつ sayするのかを表す副詞

何することに向かう時間？

訳 「彼にさようならを言わないと。」

We need to figure out a way to make ends meet.

考えつく必要がある　　　　やり方　　　帳尻を合わせる

何することに向かうやり方？

→ make ends meet in the way

どう make ends meet するかのやり方

②は倒置が行われるので語順に注意が必要ですね。用法の頻度としては
①よりも②③の方が多いです。

どんな関係代名詞を
よく使うのか

whom はあまり使わない

関係代名詞を使うときの情報の流れ

前項で述べたとおり、英語の情報の流れというのは、**「軽い情報を先に言い、重い情報を後に言う」** というものです。

つまり、先に簡単で大まかなことを言っておいて、詳しい情報は、後ろへ、後ろへと、追加されるのが英語というわけですね。

そうです。それが後置修飾というものなのですが、その中で最も大きな情報を扱えるのが関係代名詞節です。

例 There are a lot of people who have a hard time accepting reality.
      名詞句   名詞句の詳しい説明

　　　　現実を受け入れるのを苦労している大勢の人々（have a hard time 〜 ing: 〜するのに苦労する）

訳 「現実を受け入れるのを苦労している人々が大勢いる。」

これまでにやった分詞の形容詞用法とは、どう使い分けるのですか?

〜ingは「〜している最中」という意味を出します。例えばthe baby sleeping in front of usなら「私たちの前で寝ている最中の赤ちゃん」ということです。このように〜ingは「今〜している最中の」ということを表すので、「昨日彼をはねた車」というような過去の一点は表せません、また、「フランス語を話す女の子」のような「いつもそうだ」ということも、〜ingでは表せません。こういうときに関係代名詞節が使われます。

例 the car which hit him yesterday
訳 「昨日彼をはねた車」

例 the girl who speaks French
訳 「フランス語を話す女の子」

（顔）なるほど、時制を自由に操れるのが関係代名詞節の特徴ですね。

（顔）また、分詞の形容詞用法では、先行詞が必ず分詞の意味上の主語になります。一方で関係代名詞節では先行詞が関係代名詞節の意味上の目的語になることもできます。

例 ○ the man eating a hamburger
訳 「ハンバーガーを食べている男」

✗ a hamburger the man eating
→ ○ a hamburger the man is eating
「その男が食べているハンバーガー」（a hamburger と the man の間には関係代名詞が省略されている）。

who を使う？ that を使う？

（顔）主格の関係代名詞について質問です。who 以外に that も使えるって習ったんですけど、どちらを使うのが普通、とかはありますか？

（顔）Longman Grammar of Spoken and Written English（以下 LGSWE）のデータによると、ニュースや学術的な文章なら、全体の7割から9割までが who を使用しています。つまり、**ビジネスシーンを含めて少しフォーマルな場合なら who を使うのが自然です。これが会話になると、that の使用が3〜4割まで上がってきます。会話での who の使用は4〜5割といったところです。**ですから感覚的には that と who の使用率は、会話ではほぼ半々ですね。

😊 thatはくだけて聞こえるのですか。

😑 thatはもともと「あれ、それ」という指示語ですからね。「今言ったのはこんなのですよ」と指しているだけの働きですから、whoのようにはっきりと「その人は」と言っている感じがするほうが、気を配った丁寧な感じがするのです。**我々が目指す「説得するための英語」では、whoを使って欲しいですね。**

「その人を・その人に」ならwhom?

😊 先行詞が人で、目的格の関係代名詞の場合は、使える関係代名詞はwhomとthatがありますね。これらの使用率はどうなっていますか?

😑 実は、一番普通なのは「何も使わない」、つまり関係代名詞を省略する形です。

😊 whomも、thatも、何も使わない?

😑 はい。これもどんな先行詞がくるかによって違いはありますが、LGSWEによると、whomの使用率が5 〜 10%、thatの使用率が同じく3 〜 10%なのに対して、何も使わない、つまり関係詞を省略する場合の率は80 〜 90%です。しかも**これは書き言葉でも話し言葉でも同様の結果が出ています。**

😊 whomの代用でwhoを使う場合もあると聞きましたが。

😑 使用率としてはレアで、しかも書き言葉として使うことには強い抵抗があると言われています。何か使うならthatですね。whomはどうもフォーマルなトーンが過ぎる言葉のようで、一般的には使うのを避ける傾向が強いようです。ちなみに、目的格の関係代名詞は一般的に「省略される」と言われるのですが、ネイティブの感覚からすると、実際には省略している感覚すらなく、分詞の形容詞用法などと同じく「名詞＋その説明」というふうに言葉を並べているだけという感じの表現です。

例 people living in poverty
〔名詞〕　〔その説明〕

訳 「貧困の中を生きている人たち」

例 a girl with long hair
〔名詞〕　〔その説明〕

訳 「髪の長い女の子」

例 the man I saw yesterday
〔名詞〕　〔その説明〕

訳 「昨日私が会った男」

🙂 なぜwhoなどの主格の関係代名詞だと省略できないのでしょうか？

😊 普通の「文」と区別がつかなくなって、ややこしいからですね。

例 the man who talked about you
訳 「君のことを話していた男」
　→ whoを省略するとthe man talked about youとなり、普通の文と同じ形になってしまう

先行詞が人以外：whichなのかthatなのか？

😊 今度は先行詞が人ではない場合を見てみましょう。先行詞が人ではない場合、whichは主格の関係代名詞としても、目的格の関係代名詞としても使えますし、それはthatも同様です。

🙂 文法的にはほぼ同じだとして、実際の使用に傾向はありますか？

😊 はい。whichの方がより保守的で、学術的な雰囲気を持ちます。そのため、LGSWEには学術的な文章の70％がthatではなくwhichを使っているというデータが出ています。しかし、口語的な場面ではthatの使用率が高く、小説の75％がwhichではなくthatを使っている、とあります。また、ニュース番組においては、whichとthatの使用において、アメリカ英語

とイギリス英語の間に傾向の違いがあるそうです。

どういう違いですか?

アメリカ英語ではイギリス英語に比べてthatの使用率が高く、一方で、whichの使用率はイギリスの方が高い、というものです。

それはなぜでしょうか。

これは社会的な建前として身分制を否定するアメリカが、よりくだけた言い方を好むのに対し、身分制がある程度継続しているイギリスの方が、保守的な言い方を好むからだと言えるでしょう。**我々はどうすべきか、ですが、どちらを使っても構わないが、少しフォーマルな感じを出したければwhichを使う、といったところですね。**

somethingやanythingの後はthat

LGSWEに載っている中で役立ちそうなデータをもう少し紹介します。**somethingやanythingなどの不定代名詞の後にはwhichではなくthatを使う傾向が強く、目的格なら関係代名詞を省略するという傾向も強い**、というものです。使用比率はwhich:that: 省略＝1:4.5:4.5でした。

例 This is not <u>something</u> that happens very often.

何かのもの ／ それは
どんなもの?

訳 「これはそうしょっちゅう起きることではない。」

例 **They will not support <u>anything</u> (that) you said.**

どの1つとっても　　　　　それを

どんなもの？

訳 「彼らはあなたが言ったことのどんなことも支持しないだろう。」

→ which よりも that、もしくは that の省略が好まれる

😊 なぜ which より that なのですか？

😐 LGSWE によれば、anything や something の持つ「何か」というぼやけた感じが、くだけた表現である that と相性がよいからだろう、ということだそうです。

関係代名詞 whose・同格の that 節

whose は語順に注意

前項で説明できなかった whose の使い方をここで説明します。語順にややこしさが出るので、組み立てには注意が必要です。

例 The policy will not save those whose jobs will be transformed by the new technology.

訳「その政策では、新技術により仕事が一変する人々を救うことはできないだろう。」

どういうところに注意が必要ですか?

whose という関係代名詞は所有格です。代名詞でいえば my とか your とか their とかと同じです。ということは、whose の後ろには必ず何かが付かないといけません。何だかわかりますか?

えーっと……、あ、名詞ですね。my car とか、your mobile phone とか、所有格には必ず後ろに名詞が付きますね。

そうです。whose も必ず後ろに名詞を付けて使います。上の例文では whose jobs(その人たちの仕事)となっていますね。ちなみに先行詞の those というのは「人々」という意味で使われ、「those +修飾語」で「〜な人々」となります。上の例文を分解すると、まず、メインの情報は以下のようになります。

The policy will not save those (people).
「その政策はそれらの人々を救わないだろう。」

テーマパークを建設して観光客を!

これに、those (people) がどんな人々なのかという情報を加えるために関係代名詞節が使われるのですね。

そうですね。このthose (people) に、

Their jobs will be transformed by the new technology.

「彼らの仕事は新しい技術によって一変するだろう。」

という情報を補足して、どういう人々なのかの情報を絞ってみましょう。

their という所有格が、メインの文のthose (people) を指していますから、これを関係代名詞にするのですね。つまり、

whose jobs will be transformed by the new technology

ですね。

そうです。これを先行詞、つまり補足の情報を欲しがっている名詞であるthoseにくっつけて修飾します。

The policy will not save those [whose jobs will

人々　　　その人たちの仕事が、

どんな人々？

be transformed by the new technology] .

新技術によってすっかり変えられる

この「所有格＋名詞」ですが、今回は関係代名詞節の主語の位置にあるから、語順も変えずに作りやすいですけれど、これが別の場所なら？

その場合は関係代名詞節の先頭に、所有格のwhoseだけでなく、

「whose＋名詞」まるごと出してあげないといけません。

先ほどと同じメインの文に今度は

The new technology will transform their jobs.

を関係代名詞節にして付け加えてみよう。

 考え方としては、their jobs を whose jobs にするわけですよね。

そうです。

the new technology will transform whose jobs
「その新技術が彼らの仕事を一変させるだろう」

 そして、whose だけでなく、whose jobs ごと関係代名詞節の先頭に持ってくるのか……。

whose jobs　the new technology will transform
「その新技術が一変させるであろう、彼らの仕事」

そしてこれを先行詞にくっつけてできあがりです。和訳のコツですが、whose が「〜の」という日本語で訳しにくい場合、「〜を持つ人々」と訳すとうまくいく時があります。所有格ということは、「持っている」ということなのです。

The policy will not save those [whose jobs the new technology will transform].
「その政策は、その新技術が一変させるであろう仕事を持つ人々を救うことはないだろう。」

😊 でも、それでもまだ違和感のある日本語訳ですね。

😀 そうですよね。**違和感の理由は、後置修飾の英語と、前置修飾の日本語という構造の差です。**英語は核となる情報（those: 人々）の伝達を先に済ませてしまっているので、後の修飾語部分が多少長くても違和感なく読めるのですが、日本語は修飾語部分が前にあり、それが長くなると、「いつまでたっても後ろにある核の情報にたどりつかない」というストレスがたまります。日本語は英語と違い、前提を表す枕詞的な表現を好みます。**したがって和訳で出た長い修飾語部分のうち、いくらかの情報を枕詞的に前方に回すと、よりすっきりした日本語になります。**

「その技術は人々の仕事を一変させることになるが、
長い説明（修飾語部分）は枕詞的に文頭へ

新しい政策はそうした仕事を持つ人たちを救うことはないだろう。」
名詞の前の修飾語は短く

😊 なるほど。日本語の構造って、そういう癖があるんですね。

😀 本書は和訳のための本ではないですけれど、それでもこうして英語と日本語の差を意識できるようになっておくと、より自然な英語への深い理解へとつながります。

同格のthat節

😀 最後に、関係代名詞節に似ているけれども違う、**「同格のthat節」**を解説します。以下の文を比べてみてください。

例 1. No one paid attention to the report that he wrote.

報告書 ／ ☞ 彼が書いた
どんな報告書？

訳 「誰も彼が書いた報告書に注目しなかった。」

例 2. The police received a report that

报告书 ☞ どんな報告書？

a woman had been shot in the back.
ある女性が背中を撃たれた

··女性が背中を撃たれ··

報告書

POLICE

訳 「警察は、1人の女性が背中を撃たれたという報告書を
受け取った。」

😟 う～ん。似ていると言えば似ているし、違うと言えば違うような……。

😃 1.の文が関係代名詞節、2.の文は同格のthat節と呼ばれます。共通点
と異なる点を以下に比べてみます。

共通点
どちらも先行詞となる名詞があり、その後にthat節が続いている。

異なる点
● 関係代名詞節1.は主語か目的語が欠けた文。ここでは先行詞the
reportはhe wroteの目的語に当たるので、関係代名詞のthat節内
のwroteの目的語が欠けている。

● 同格のthat節2.は何も欠けていない完全な文。試しにthat節内に先
行詞のa reportを入れようとしてみても、どこにも入る場所がない。

● 1.の関係代名詞thatは目的格の関係代名詞なので省略しても問題な
い。一方で2.の同格の接続詞thatは省略することができない。

というのが外見の違いです。ここら辺は大学受験をくぐり抜けた人な
ら聞いたことがあると思います。

😟 はぁ……、もう覚えていないなぁ。

😃 ここでは、外見よりも、両者の意味の違いに迫ってみます。

意味の違いがあるのですか?

もちろんです。そもそも「同格」が何をしようとしているのかを見てみましょう。**同格というのは、並置とも呼ばれ、同じものを違う言い方でもう一度言い直すこと**で、わかりやすく説明しようとする作業です。以下はthat節を使っていないですが、やはり同格を表す言葉の形です。特徴としては左に抽象的な言葉があり、それを右側の言葉が具体的に言い換えてあげるというパターンです。

例 the word marriage:「結婚という言葉」
　　抽象　　　具体　　　　具体　　　　抽象

例 When James Baker, Secretary of State under George Bush, said that ...
　　　　　　抽象　　　　　　　　　　　　具体
訳 「ブッシュ大統領のもとで国務長官だった ジェイムス・ベイカーが〜だと言った時……」
　　　　　　　具体　　　　　　　　　　　　　　抽象

→ 人名であるJames Bakerは、そのままではただの「人名」で誰かわからないという意味で抽象的な情報

なるほど、そうすると、2.のthe report that a woman had been shot in the backというのは、the reportが抽象的な「報告」という情報で、a woman had …というのが報告の「具体的な中身」か。

そうです。そしてthatの役割は「抽象」→「具体」というふうに「詳しい情報はこちらですよ」と指しているわけです。では1.の関係代名詞節を見てください。the report that he wroteという時、「報告書」の報告の具体的な中身は「彼が書いた」ですか?

もちろん違いますね。その報告書がどういう由来のものかを説明はしていますが、報告の具体的な中身を述べているわけではないです。これが同格のthat節と、関係代名詞のthat節の意味的な違いなのですね。

202

関係副詞と関係代名詞は
どう区別するのか

前置詞 + 名詞 → 副詞

関係副詞と関係代名詞の違いは

😀 ここでは、関係副詞を解説します。次の空欄にwhichとwhere、どちら
を入れるべきか、考えてみてください。

1. Kyoto is the city （　　　） I want to visit.
2. Kyoto is the city （　　　） I want to go.

🙂 う～ん、先行詞はどちらも場所を表すthe cityですね。違いは文末が
visitかgoか、ということか……。たしかvisitは他動詞だからvisit the
cityと言えて、goはgo to the cityとなりますね……。

😀 いい線行ってますよ！ 正解は1.がwhich、2.がwhereです。

🙂 何が答えの鍵なのですか？

😀 答えの鍵は**「前置詞＋名詞→副詞」**です。

🙂 というと？

😀 前置詞と名詞は組み合わさって、**「様子を説明する言葉＝修飾語」**にな
ります。修飾語には2種類あって、名詞の様子を説明すれば形容詞で、(主
に)動詞の様子を説明すれば副詞です。今回は関係副詞の話ですから、「前
置詞＋名詞→副詞」というのを見てみましょう。

🙂 はい。

中学の時に here（ここに・で・へ）とか there（そこに・で・へ）という言葉を習いますが、「ここに」というのに at here と言えない、「ここへ」というのに to here と言えない、と習ったのを、覚えていますか？

はい、たしか、習ったと思います。

なぜ here とか there には前置詞が付かないか、わかるでしょうか。

なぜでしょう？

here とか there は場所を表す副詞なのです。つまり here ≒ in/at/to this place、そして there ≒ in/at/to that place というふうに言い換えることができます。

副詞である here とか there は「前置詞内蔵済み」の言葉だから、わざわざ前置詞を付けるようなことがない、ということですか？

その通りです。関係副詞にも同じことが言えるのです。つまり where ≒ in/at/to which（place）です。

I want to visit　the city .

→ the city は名詞だから、関係代名詞の which に。

I want to go　to the city .

→ to the city は前置詞＋名詞だから、前置詞＋関係代名詞の to which に。

→ そして、前置詞＋関係代名詞だから関係副詞になる。ここでは場所の話だから where になる。

なるほど、それで 1. が Kyoto is the city which I want to visit. で、そして 2. が Kyoto is the city where I want to go. になるというわけか。

問題

空欄に入る適切な関係詞を選べ。

① 「私は自分の道具をしまってある戸棚に歩いて行った。」

I walked to the cabinet（　　　　　）I kept my tools.

1. which　　　2. where

② 「彼女は両親がいつも喧嘩している家で育った。」

She grew up in a household（　　　　　）her parents always argued with each other.

1. which　　　2. where

😟 ……わかりにくいなぁ。どこからとっかかればいいのか……。

😊 コツは**先行詞を後ろの関係詞節の中に入れてみること**です。

😟 ①なら I kept my tools の中に、the cabinet を入れてみる、ということですか？

😊 そうです。それで、そのまま the cabinet を入れて文が成立するなら which です。「前置詞＋the cabinet」にしないと文が成立しないなら where です。

😀 じゃぁ、I kept my tools **in the cabinet.** は自然でも、*I kept my tools the cabinet. とは言わないから、in the cabinet → in which → where か。じゃぁ、②も同じで、Her parents always argued with each other **in a household.** と言わないといけないから、答えは where ですね。

😊 その通りです。

😟 でもなぁ、この計算を会話の中で瞬時にやる自信がないなぁ……。

😊 そうですよね。より実践的なのは、where ではなく which を使うとき

の感覚を意識して、「あ、これはwhichを使う感覚じゃないな。じゃぁwhereだ。」と感じる方がよいと思います。

😊 その「whichを使う感覚」というのを教えてください。

😑 先行詞の後に、その先行詞を主語か目的語で使う文が続く、という感覚があれば、それはwhichです。whichは主格か目的格で使うものですから。

例 I walked into the room ...
→ この後に例えば、the room の説明のために「その部屋には窓がなかった (the room didn't have any windows)」という文を続けたいと考えると……

😊 ああ、それなら先行詞the roomを「主語で使いたい」という意識が働きますね。

😑 そうなればしめたものです。whichを使って、

I walked into the room which didn't have any windows.
「私は窓が一切ない部屋に入っていった。」

となります。それではもう1つ。

例 I was thinking about the place ...
→ この後に例えばthe place の説明のために「私はその場所を夢で見た。(I saw the place in my dream)」という文を続けたいと考えると……

😊 なるほど、先行詞the placeをsawの「目的語として使いたい」という意識が働きますね。だから

I was thinking about the place which I saw in my dream.
「私は夢の中で見たその場所について考えていた。」

ですね。なおかつ目的格の関係代名詞は省略することが普通だから、このwhichは省略してもいいわけか。

👤 この感覚を大事にして、「あ、この後に続く文では主語にも目的語にもこの先行詞は使われないな」と感じることができれば、その時は関係副詞のwhereの出番、というわけです。

I walked to the cabinet …

→ この後に「私はその戸棚に、自分の道具をしまってあった（I kept my tools in the cabinet）」という文を続けたい、となった時に、主語はIだし、目的語はmy toolなので、the cabinetは主語にも目的語にならない。ここまで考えが及べばwhereを使えばよい。さらに、会話ではなくライティングなど、考える時間に余裕があれば、in the cabinet → in whichで、なおかつin the cabinetは場所の話→ whereだ、と考える。
→ I walked to the cabinet where I kept my tools.

関係副詞の使用傾向

👶 考え方としてin which → whereというのが何回も出てきましたが、whereの代わりにそのままin whichを使うということはあるのでしょうか？

👤 LGSWEによると、会話、ニュース、小説、学術のどの分野でもwhereが群を抜いてよく使われます。前置詞+whichが使われるのは学術記事の場合のみで、上に挙げた分野のうち、学術以外ではまず使われないというデータが出ています。前置詞+whichが使われるときには、in whichが多く、すこし下がって、次にto whichが使われる時があります。しかし、いずれもwhereよりもよく使われるということはなく、そして学術記事という堅苦しい文章なので、**我々がビジネスや、大学のレポートなどで使うなら、whereを使うことをお勧めします。**

抽象的な「場所」とwhere

👶 話が抽象的になってくると、物理的な場所でないものも、一種の場所と

解釈されてwhereの先行詞に使われることがあります。代表的なのはcase（場合）とsituation（状況）ですね。

😊 確かに「場合」には「場」という言葉が使われているし、「状況」というのもある場所を舞台として起きますよね……。

例 **There could be** <u>some situations</u> ［where we
　　存在しうる　　　　　　ある状況　　　┗→ そこでは

don't have enough doctors and nurses］． ─ どんな状況？
　　十分な医者も看護師もいない

訳 「医者も看護師も十分にはいないという状況だってありうる。」

関係副詞の省略

😊 関係副詞は、よく省略されるということが起きます。

😊 なぜですか？

😊 whereによく使われる先行詞はplaceやsituation、caseなど、明らかに場所をイメージする言葉です。where自体も「場所」という意味ですし、the place whereなんて、同じことを2回言っているようなものですよね。英語はこういう冗長性を嫌います。

😊 そこで関係副詞を省略するわけですか。

😊 さらにこれがwhenになると、先行詞はtime、day、momentなど時を表す言葉に限られ、whyに至ってはreasonのみが先行詞になります。

😊 ますます同じ言葉の繰り返しですね。

😊 したがって省略されやすいわけです。これは話し言葉、書き言葉を問わず一貫して起きる傾向です。ですから**皆さんが英文を作る時には関係副詞は省略しても全然かまいません。**

関係詞の制限用法と
非制限用法

「村上春樹」はたくさんいるのか

(👨) 関係詞の締めくくりに、**制限用法**と**非制限用法**の違いを説明します。

(🧑) これ、結構わかりにくいですよね。

(👨) いえ、そうでもないですよ。まずは、

> 🖋 たくさんあるものの中から、絞っていくのか
> 🖋 1つしかないものに、情報を与えているのか

　というところから考えていくとわかりやすいですよ。

「村上春樹」はたくさんいるのか

(👨) 例えば、「男性」というのは世の中にたくさんいますよね。

(🧑) もちろんです。

(👨) もし、「私は昨日、男性に会った。」なんて言われたら?

(🧑) そりゃ漠然としすぎでしょう。男性なんて星の数ほどいるのに、何が言いたんだ? ってなります。

(👨) その通りです。そこで例えば「20代後半の男性に会った」のように、情報を付け加えて、「男性」の範囲を絞っていきます。これが関係詞の制限用法、つまりカンマを付けない関係詞がやっていることです。(ここで関係代名詞と言わずに関係詞と言っているのは、これが関係代名詞、関係副詞のどちらにも当てはまる事柄だからです。)

I met <u>a man who was in his late twenties.</u>
20代後半の男性

世の中にたくさんいる「男性」に、形容詞を付けることで範囲を絞って、どんな男性なのかを具体的にしたり、特定したりしているのですね？

そうです。ではもう1つ。

「3日前に最新作が発売されたばかりの村上春樹氏が……」

というとき、これは、「世の中にたくさんいる村上春樹」のうち、「他の村上春樹ではなくて、3日前に最新作が発売されたばかりの村上春樹だよ」ということを言おうとしていますか？

いや、それはないでしょう。そもそも村上春樹さんは世の中にたくさんいません。

すると、その前に付いている「3日前に最新作が発売されたばかりの」は何を表しているのでしょう。

うーん、村上春樹にまつわる**最新ニュース**、といったところですね……。

そうです。これは名詞の意味の範囲を限定するために使われている形容詞ではなく、**「情報を付け加えているだけ」**ですね。**これを表すのが関係詞の非制限用法、つまりカンマを付ける関係詞です。**情報を付け加えるだけなので、日本語で言えば「ちなみに〜なのだけど」という感じがする表現です。

Haruki Murakami, <u>whose latest book just came out three days</u>

ちなみに村上氏の最新作は3日前に出たばかりなのだけど

<u>ago</u>, held a press conference in Tokyo.

「3日前に最新作が出たばかりの村上春樹氏が東京で記者会見を開いた。」

😊 なるほど、関係詞の制限用法と非制限用法の違いはそういうことだったんですね。

😄 はい。もう一度整理しておきましょう。

> **制限用法**：関係詞が与える条件によって、たくさんある同じ種類のものの中から、「他の○○ではなく、こういう条件の付いた○○のことだよ」というふうに、自分の指したいものを絞っていく。したがって先行詞にくる名詞は固有名詞ではなく「種類」を表す名詞がくる。

😊 この「固有名詞ではなく種類を表す名詞」というのはどういうことですか。

😄 例えば「みーちゃん」と言えば、それは固有名詞で、どの猫か特定されるわけですが、「猫」と言えば、猫という言葉で指される種類の動物を意味します。どの猫の話なのかはこれだけではわからないわけです。

> **非制限用法**：先行詞には人名、地名などの固有名詞、及び文脈上「これしかない」もの、「同じものが他にはない」ことを表す名詞がくることが多い。そして関係詞節は「その名詞にまつわる情報を添える」働きをする。

😊 「文脈上、これしかないもの」というのはどういうことですか。

😄 **文脈により、特定される物や人のこと**です。次の例文を見てください。

例 I made friends with a man from Vietnam. The man, <u>who is a fluent speaker</u> of Japanese, told me that he was going to open a Vietnamese restaurant in Shibuya.

訳 「私はベトナム出身の男性と友達になった。日本語がペラペラのその男性は、渋谷でベトナム料理屋を開くことになっているのだと私に言った。」

先行詞であるthe man は、直前の文のせいで、「今言った、私が友達になったそのベトナム人」に特定されます。

ここでのman という言葉は「世の中にたくさんいる男性の中のとある1人」ではなく、その人しかいない、という状態になるから、村上春樹みたいに一種の固有名詞みたいな扱いになるのですね。

ですから、「情報を絞る」ための制限用法は使えず、「情報を添える」非制限用法を使うわけです。

非制限用法ではthat は使わない

主語の役割でも目的語の役割でも使える便利な関係代名詞that ですが、非制限用法、つまり**カンマの後ろでは使わないのが普通**です。

例 Tokyo Tower, which (~~that~~) began operating in 1958, is modeled after the Eiffel Tower in Paris.

訳 「1958年に営業が始まった東京タワーは、パリのエッフェル塔をモデルにしています。」

これはなぜですか。

やはり、関係代名詞ではなく、普通の代名詞に見えてしまうからではないでしょうか。こうした非制限用法のthat は全く使われないわけではなく、LGSWE によれば、小説の技法として使われることはあるようです。しかし、我々は英語のノンネイティブとして、使わない方が安全だと言えます。

「外国人だからきっと間違えて使っているんだ」と思われる可能性が高いですしね。

制限用法と非制限用法で出てくる意味の違い

同じ関係代名詞の文でも制限用法を使うのと、非制限用法を使うのとでは意味がはっきりと異なってきます。

例 ① There were few passengers who were injured in the accident.

訳 「事故で怪我をした乗客はほとんどいなかった。」

例 ② There were few passengers, who were injured in the accident.

訳 「バスにはほとんど乗客は乗っていなかったのだが、その人たちは（全員）怪我をした。」

本当だ。なぜこういう違いがうまれるのですか？

制限用法は、「他の○○ではなくて、この○○だよ」というふうに、関係詞節によって情報を絞るのがその仕事です。①の例文では、「他の乗客ではなくて、怪我をした乗客の話だよ」ということで、別の言い方をすれば「事故が起きたバスには、ある程度の数の乗客がいたが、その中で怪我をした乗客はほとんどいなかった」ということになります。一方

で②の例文ですが、非制限用法の関係詞は先行詞に情報を添えるだけの機能しか持っていません。**「情報を絞るのではなく、添える」のが関係詞の非制限用法**です。

😃 そうすると？

😆 上の例文ではThere were few passengers（乗客はほとんどいなかった）のあとカンマで切れるので、一旦文の情報はそこで途切れます。そしてその後、「ちなみにその人たちは」というふうに後に続く非制限用法の関係代名詞節が情報を付け加えるわけです。

😃 「乗客はほとんどいなかったんですよ。ちなみにその人たちは怪我をしてしまったんですが。」という感じですか。

😆 その通りです。ですから例文では「乗客全員が怪我をした」という意味が出てくるわけです。

分詞構文を作る

〜して、〇〇する

😀 英語学習者のみなさんには、**分詞構文**をもっと積極的に使っていただきたいですね！

🙂 でも、ややこしいというイメージがあって、理解するだけでも大変なのに、使いこなすなんて……。

😀 一見つかみどころがなく、いろんな意味を出す分詞構文ですが、根っこが1つ、きちんとあるのです。それを理解することでちゃんと作れるようになりますよ。

分詞構文の作り方

😀 分詞構文につまずく人は、分詞構文という1つの形が**「時、原因・理由、付帯状況、条件」**というたくさんの意味を表すことができる、というところに困惑します。

🙂 まさに私がそうですね。

😀 そして、主語がなくて、〜 ing で始まる、という奇妙な形にも抵抗を感じる人が多いですね。

例 Seeing me, he ran away.

訳 「私を見て、彼は逃げた。」

215

分詞構文というのは、いろいろ意味があるように見えても結局、**「～して、○○する」ということを表すための構文**です。例えば、「私を見たので、彼は逃げた」（理由・原因）だろうが、「私を**見た時**に、彼は逃げた」（時）だろうが、どちらも「私を見て、彼は逃げた」と言えませんか？

確かに。「私を見て」というのは理由・原因としても、時としても解釈することができますね。

「もし私を**見たら**、彼は逃げるだろう」（条件）というのも、「私を見て彼は逃げるだろう」と言うことができますし、「彼はテレビを**見ながら**ソファに座っていた」（付帯状況）も、「彼はテレビを**見て**ソファに座っていた」ということです（少しぎこちない日本語ですが）。つまり、分詞構文は「～して、○○する」という根っこの意味があることがわかります。

ちゃんと根っこの意味があるのですね。

分詞構文がやろうとしていることについてですが、**分詞構文は、分詞の副詞的用法**と言えます。つまり動詞を修飾しています。

つまり、「どんなふうにその動作をしているのか」ということを説明する、というのが分詞構文なのですね。

そうです。「私を見て、彼は逃げた」ということは、「どんなふうに彼が逃げたのかといえば、私を見るという動作をしながら逃げたのだよ」ということです。

whenやbecauseやifが消える理由

分詞構文の重要な感覚に、**「言わなくてもわかることは言わない」**、そして**「同じことは2度言わない」**というのがあります。

例えば何ですか？

😃 理由・原因だろうが、時だろうが条件だろうが、結局は「〜して」という感覚が根っこにあるということがわかりました。

🙂 はい。

😃 そうすると、**「いちいちwhenやbecauseやifとか言わなくてもよいのでは？」**いう感覚が発生するのだと考えてください。

🙂 確かに。

😃 そして、分詞構文では主語が省略されるのですが、これは**「同じ主語を2度繰り返さない」**ということなのです。日本語でも**「彼は私を見て、彼は逃げた」**では、くどいですよね。

🙂 そこで、主語を1つ省略するのですね。

😃 ただし、どちらを省略してもよいのではありません。かならず**「重要じゃない方の情報」**を省略します。「彼は私を見て、彼は逃げた」なら、メインの情報はどちらですか？

🙂 彼は逃げたですね。

😃 そうです。ですから脇役である副詞節（副詞の役割をするS+V）の「彼は私を見て」の主語を省略し、「私を見て、彼は逃げた」とするわけです。

🙂 なるほど、わかりました。ここまでのところを英語にするとどうなりますか？

😃 以下のようになります。例えば「彼が私を見た時、彼は逃げた」で、順を追ってやってみましょう。

When he saw me, he ran away.
→ whenだろうがbecauseだろうがifだろうが、「〜して」で表せるなら、言う必要がないのでは……

he saw me, he ran away.

→ heを2回言う必要はない。脇役の情報である副詞節のheを消そう……

↓

saw me, he ran away.

 これがなぜ最終的に Seeing me, he ran away.（私を見て、彼は逃げた）という 〜 ing の形になるのですか？

〜 ing というのは **「動作の最中」** という意味が根っこにあります。「Aをして、Bする」という分詞構文の根っこの意味は、「Aをしている最中にBをする」という **「同時発生」** から生まれるものです。「私を見ている最中に、彼は逃げた」＝「私を見て、彼は逃げた」です。

それでAの部分を 〜 ing にするということですね。

そうです。

完成

Seeing me, he ran away.「私を見て、彼は逃げた。」

理由の文も、条件の文も同じなのですか？

同じですね。

理由

~~Because he~~ saw me, he ran away. → Seeing me, he ran away.

「私を見て、彼は逃げた。」

条件

~~If he~~ sees me, he will run away. → Seeing me, he will run away. 「私を見て、彼は逃げるだろう。」

218

分詞構文の位置

👤 分詞構文が現れる位置は、大きく分けて3つあり、文頭、文中、文末に現れます。

👦 結局全部じゃないですか。

👤 いやいや、きちんとパターンがあります。まず分詞構文というのはメインの節の動作（主節の動詞）を詳しく説明するための、副詞句の働きをしています。**文の中で副詞が現れる位置は決まっているのです。**例を見てみましょう。動作がどのように起きたかの様子を説明する、suddenly（突然に）を例に、説明します。

例 Suddenly, someone knocked on my door.

訳 「突然、誰かがうちのドアをノックした。」（文頭）

例 "No," he said suddenly.

訳 「いいや、と彼は突然言った。」（文末）

例 She suddenly became motionless and speechless.

訳 「彼女は突然動きを止め、言葉を失った。」（文中）

まず文頭ですが、英語で文頭の副詞というのは、**「話の舞台」**を表すことが多いです。文頭の副詞を舞台とし、その舞台の上で「S＋V～」という出来事が起きる感じです。

👦 1つ目の例文の光景は、映画なんかで、あるシーンが突然バッと起きるような感じですか。

👤 そうですね。それに比べると2つ目の例文にある文末の副詞というのは、そこまで大袈裟に動詞の様子を描写してはいません。もう少し落ち着いた感じです。最後に3つ目の例文にある文中の副詞ですが、これは原則

219

として、否定文にした時にnotがくる位置です。

👤 ということはbe動詞の後ろか、一般動詞なら、don'tとかdoesn'tの位置ですから、動詞の前ですね。

😀 そうです。否定文のnotは動詞を否定するわけですから、ある意味、動詞を修飾するわけで、つまり、notは副詞なのです。

👤 それで、分詞構文は分詞の副詞的用法ですから、notの位置に置かれるわけですね。

😀 別の例文を見ながら整理してみましょう。

文頭 話の舞台を表す分詞構文

例 Looking back, I was incredibly naive.
　　　話の舞台　　　　その舞台の上で起きていること
訳 「振り返ってみると、私は驚くほど世間知らずだった。」

時間的に先に起きることを表す分詞構文も、文頭、つまり先にくるのが普通

例 Knowing that he didn't have enough time left, he decided to
take action.
訳 「時間が十分には残されていないことを知って、彼は行動を起こすことにした。」
　　　　　　先に起きた出来事

文末 付帯状況「〜しながら」がくることが多い

例 "Excuse me," he said, trying to be polite.
訳 「失礼のないよう努めつつ、『すみませんが』と彼は言った。」

文中（否定文のnotの位置に） *挿入句なので、「追加・付け足しの情報」という
イメージが強い*

例 I, having no idea where Jane was, had to bring back the box
with me.
訳 「私は、ジェーンがどこにいるのか知らなかったので、その箱を持ち帰るしかなかった。」

220

分詞構文をもっと自在に操る

ポイントは主語の一致

😊 分詞構文は少し硬い印象を与える表現ですので、大人の表現として使いやすいものです。ここでは分詞構文の一歩進んだ使い方を解説します。分詞構文の鍵となる感覚、**「言わなくてもわかることは言わない」**、そして**「同じことは2度言わない」**はここでも活きてきます。

否定の分詞構文は裸のnotを使う

😊 まずは分詞構文が否定を表す場合から説明します。特徴は、don'tやdoesn'tのような形式ではなく、ただのnotを使うということです。

例 ~~Because we didn~~'t understand what was happening, we couldn't make a quick decision.

→ <u>Not understanding</u> what was happening, we couldn't make a quick decision.

訳 「何が起きているのかわからず、我々は素早い決断ができなかった。」

😮 なぜ裸のnotなのですか？

😊 don'tやdoesn'tなら現在形、didn'tなら過去形であることを表すのですが、分詞構文は～ingです。つまり時間を表さない形です。ですから時間を表すdo, does, didをつけずに裸のnotです。ちなみにS+V～の否定文のnotは一般動詞の前、be動詞ならその後ろに付けるものですが、分詞構文ではbeingの場合でもその前にnotを付けます。

例 ~~Because~~ I'm not a legal expert, I have a few questions.

→ Not being a legal expert, I have a few questions.

訳 「私は法律の専門家ではないので、少し質問したいのですが。」

💬 なぜこういう形になるのですか？

💬 **英語は重要な情報を先に持ってくる**、という傾向があります。否定語は yes と no の意味が180度変わってしまう重要な情報です。例えば、日本語なら「私は、それは真実ではないと思う。」と言っても「私は、それは真実だとは思わない。」と言ってもどちらでも問題ないのですが、**英語では否定語は先に言う**というのが原則なので、I don't think it is true. と言うのが普通で、I think it is not true. というのは違和感があります。したがって、not は先に持ってきてしまおう、ということなのでしょう。ちなみに being の前に not がくるというのは分詞構文だけではなく、動名詞でも同じことが起きます。

例 It is hard to imagine her **not being** able to participate in the project.

　　状況は想像し難い　　彼女がそのプロジェクトに参加できないということ (it (状況) の詳しい中身)

訳 「彼女がそのプロジェクトに参加できないというのは、想像しにくい。」

1つ前の時制なら having＋過去分詞で

💬 主節の動詞の時制よりも1つ前に分詞構文の動作が起きている場合、それを表すために分詞構文は having＋過去分詞にします。

例 Having read the terms of use very carefully, she managed to avoid the worst-case scenario.

訳 「利用規約をとても細かく読み込んでいたおかげで、彼女はどうにか最悪の事態を避けることができたのです。」

→ the terms of use「利用規約」

222

受動態の分詞構文ではbeingは省略する

😀 受動態の分詞構文の作り方も基本は変わりません。ただ、beingを省略するのが普通です。

例 ~~If I~~ were asked whether James will …

→ ~~Being~~ asked whether James will …

→ <u>Asked</u> whether James will keep his promise, I would say, "Of course."

訳 「仮にジェームズが約束を守るだろうかと<u>聞かれたら</u>、私は『もちろん』と言うでしょう。」

😶 これはなぜですか?

😀 beingがなくても十分に意味はわかるからです。過去分詞なので、受け身だな、と。ここでも**「言わなくてもわかることは、言わない」**という分詞構文の原則が働いています。

間違いやすいポイント：省略された主語と態の決定

😀 分詞構文を作るときに起きるミスの原因は、ほとんどの場合、省略される主語のことをきちんと考えないことによります。受験問題集でお馴染みの、以下の問題を見てください。

問題1

空欄に入る適切な言葉を選べ。

(   ) from the sky, the island looks like a turtle.

1. Seeing   2. Seen

😶 ああ、確かに。うっかりしていると 1. の Seeing を使って文を作ってしまいそうですね。

そうです。主節の主語は the island です。それが分詞構文で省略されていることをきちんと念頭に置かないといけないので、2. の Seen を使わないといけません。

たしかに「島」は何かを見る立場ではなくて、人によって空から「見られる」立場ですからね。なるほど。

もう少し問題を解いてみてください。

問題2

空欄に入る適切な言葉を選べ。

(　　　　) his peers, he got angry.

1. Criticized bitterly by　　　2. Criticizing bitterly

→ peers「同僚たち」

主節で「彼」が怒っているということは、彼が批判「されている」からで、だから 1. の Criticized bitterly by ですね。

そうです。では今度は主節を空欄にしてみます。

問題3

空欄に入る適切な言葉を選べ。

Having visited Sapporo many times, (　　　　　　　) .

1. the city is very familiar to me now
2. I know a lot of nice places to visit

なるほど、visit するというのは人が行う行為ですから、分詞構文に省略されている主語は人ですね。ですから主節の主語も人にならないといけないわけですね。

😊 よくできました。そういうわけで2.が正解です。

第5章 節と修飾句 第35項

独立分詞構文

😊 文語的な表現ではあるのですが、**「主語が一致しない」**場合の分詞構文、専門的には**「独立分詞構文」**と呼ばれるものがあります。

😮 主語が一致しない？

😊 分詞構文の〜 ing の前に主語が省略されていたのはなぜでしたっけ？

😮 それは、「彼が私を見た時、彼は逃げた」のように、副詞節と主節の両方とも同じ主語の文だったからですよね。

😊 その通りです。よく覚えていますね。では、これが異なる主語で構成されていたらどうなると思います？

😮 え？そりゃぁ、主語が異なれば、省略することはできないのでは……？

😊 そうです。省略したら誰の行為かわからなくなってしまいますからね。では以下の文のおかしいところを指摘してください。

   ✗ Raining hard, I stayed at home.
   （言いたいこと）「雨がひどくて、私は家にいた。」

😮 うっかりしていると作ってしまいそうな文ですね。

😊 元の文を考えてみてください。

Because it was raining hard, I stayed
at home.

225

あ、そうか。雨はお天気の話だから、itを主語にするのでした。

そうです。ですから、主語はそれぞれitとIで異なります。ですから省略はせずに残すことになりますね。分詞構文にするので、接続詞のbecauseは消えます。

It raining hard, I stayed at home.

独立分詞構文の中で、わりと普通に使われるのが**there is構文を使う独立分詞構文**です。次の文を分詞構文にしてみてください。

例 Because there were no other candidates, he was elected mayor.

訳 「他に立候補者がいなかったので、彼が市長に選ばれた。」

そうか、there is構文は一応形式的にはthereが主語で、この文では主節の主語と異なっているから残さないといけないわけだ。じゃあ接続詞のbecauseを消して、be動詞のwereをbeingにして……こうなりますね。

There being no other candidates, he was elected mayor.

正解です。よくできました。

慣用的な分詞構文は主語の一致を無視する

最後に慣用句となった分詞構文を紹介します。特徴は、**主語の一致を無視する**、というところです。

例 Judging from their current circumstance, they are highly likely to give up the plan.

訳 「彼らの現在の状況から判断すると、かなりの確率で彼らは計画を諦めるでしょう。」

うーん、確かに。judgeするのはこの文の話し手のはずなのに、主節の主語はtheyになっていますね。

エッセイのイントロダクションの型に使っているconsidering that S + V ～（SがVするということを考えると）というのも慣用的な分詞構文です。

例 <u>Considering</u> that we can save time and travel expenses, working from home is better than working at the office.

訳 「時間と交通費が節約できることを考えると、在宅勤務はオフィス勤務よりもいいです。」

主語の一致に気を使わなくていいというのが便利ですね。分詞構文を理解すると、こうした慣用表現により親しみが持てますね。

一種の分詞構文

主語と be 動詞の省略と with が表す付帯状況

次の文は、ライティングでとてもよく使われるパターンですが、なんとなく使うと間違えてしまう文です。

例 We had to work extra hours <u>while making up for it.</u>

訳 「その埋め合わせをする間、我々は残業をしなければならなかった。」

whileの後ろが〜 ingですね。while って前置詞でしたっけ？

いえ、whileは接続詞です。つまり、whileの後ろはS＋V〜がくるのが普通です。while以外にも、whenでも同じ現象がよく起きます。例文を見てください。

例 You need to be careful <u>when using a product like this.</u>

訳 「このような製品を使用する際には、慎重であらねばならない。」

whenも接続詞だから後ろにはS＋V〜がくるのが普通ですよね。

そうです。今度は後ろに過去分詞がくるパターンを見てください。

例 Fasten your seat belt <u>while seated.</u>

訳 「着席中はシートベルトをお締めください。」

whenやwhileだけでなく、ifなど他の接続詞でも作ることができます。

例 <u>If asked</u> whether I would make such a decision, I would say no.

訳 「私がそういった決断を下すかどうか、もし聞かれたら、私は否と言うだろう。」

それだけではありません、〜 ingや過去分詞とは全く関係のない形も出てきます。

例 I visited several old cities <u>while in Japan</u>.

訳 「日本にいる間、私はいくつかの古い都市を訪れた。」

😊 どういうルールがあるのですか？　接続詞の後に何でもきてよいというわけではないですよね。

😄 このタイプの文を作る時には分詞構文と同じ考え方が必要です。つまり

> ✏️ 主節と副詞節の主語が同一である
> ✏️ be動詞が省略されている

という2つの条件が必要です。

- We had to work extra hours while ~~we were~~ making up for it.
- You need to be careful when ~~you are~~ using a product like this.
- Fasten your seat belt while ~~you are~~ seated.
- If ~~I were~~ asked whether I would make such a decision, I would say no.
- I visited several old cities while ~~I was~~ in Japan.

😊 なるほど。ではこれは一種の分詞構文なのですか？

😄 そう考えてもよいかもしれません。分詞構文は「〜して」という意味で

使い、それだけで時や理由などの幅広い意味をカバーできます。逆に言うとその意味の幅広さのせいで、曖昧でわかりにくくなる時が多いので、接続詞を補って意味を明確にさせる分詞構文もよくあります。とはいえ、これが分詞構文であるかどうかはここでは重要ではありません。**発信型の英文法として、我々がこの構文を使う時に、元の文が①主語が繰り返されていることと、②be動詞を使う文であること、ということに注意を払わないといけない、ということです。**それによって以下のような間違った文を作らなくても済むようにしましょう。

✗ While raining hard, we had to look for a hotel for the night.
（言いたいこと）「雨が激しく降る間、私たちは一夜の宿を探さなければならなかった。」

→ raining の前に省略されているのはお天気の it であり、主節の主語と一致しないので不可。元の文は、While it was raining hard, we had to look for a hotel for the night.

withを使った付帯状況

以下の文を見てください。with [A = B] で **「A＝Bの状況を抱えて」** という意味になります。

例 She was listening to Bob with her eyes closed.
訳 「彼女は目を閉じて、ボブの言うことを聴いていた。」

with her eyes closedは「彼女の目＝閉じられている、という状態をともなって」ということですか。

そうです。withは「一緒にいる」という根っこの意味から、状況を表す時には「〜という状況と一緒にいる→〜という状況を伴って・〜という状況を抱えて」という意味を出します。

😊 AとBにはそれぞれ何が入るのですか？

😄 Aは名詞で、Bには現在分詞か過去分詞、前置詞句、あるいは副詞的に使われるonやoffなどの言葉が入るのですが、要するにこれらは「A is B」の文からisを抜いたものだと思ってくれればいいです。先ほどの例文のwith her eyes closedなら、Her eyes were closedからwereを抜いたものがwithの後ろに入ります。その他には、

例 With time running out, they accepted our offer. 現在分詞
訳 「時間がなくなり、彼らは我々の申し出を受け入れた。」
　→ Time was running out.

例 She found her brother standing in front of the building with his coat on. 副詞的に使われるon。前置詞のonと違い、onの後ろに名詞がない
訳 「彼女は自分の兄がコートを着て建物の前に立っているのに気づいた。」
　→ His coat is on.

という感じです。

😊 なるほど。でもこれって、普通の分詞構文の付帯状況とはどう違うのですか？

😄 いい質問です。そこの区別がついていないので、英語学習者の中にはとにかく何でもwithを付けてしまったり、また、withが必要なところを分詞構文の付帯状況で書いてしまったりするので、区別を理解することが大事です。ポイントは分詞の意味上の主語です。

例 They protected themselves saying that they had no other choice.
訳 「他に選択肢はなかったと言って彼らは自分たちを弁護した。」

😊 withになっていませんね。sayingを使った普通の付帯状況の分詞構文です。

そうです。sayingしているのは誰ですか？

主節の主語であるtheyですね。

そうです。となると、sayingの前にいちいち主語を付けることはしないのです。分詞構文の原則である**「主節と同じ主語の時は、主語は省略する」**のルールです。

なるほど。ではwith A ＝ Bの時は、Aは主節の主語とは異なる言葉なんですね。

その通りです。もう一度例文を見直してみましょう。

- She was listening to Bob with her eyes closed.
- With time running out, they accepted our offer.
- She found her brother standing in front of the building with his coat on.

そうか、同じ付帯状況でも、主節の主語と一致すれば普通のwithのない分詞構文で、主語が異なればwith A ＝ Bの形が発動するわけですね。

そういうことです。

with A ＝ BのBが自動詞なら〜ing、他動詞なら過去分詞

Bの部分に動詞がくる時にこれを〜ingにするか、過去分詞にするか、なのですが、原則的にはAが「する」立場なら〜ingに、「される」立場なら過去分詞にする、と判断すればよいです。しかし、もう少し厳密に考えないとうまくいかない時もあります。

問題

「彼は怒りに肩を震わせていた。」という文を英語にする時、以下の文ではカッコ内をshakingにするか、shakenにするか、どちらが正しいか。そうなる理由も添えて、説明せよ。

He was angry with his shoulders（shaking, shaken）.

😊 「彼の肩」の立場を考えればいいわけですよね。どちらでもいけそうな感じが……

😄 日本語だけで考えると混乱しがちです。そこでwith A ＝ Bの「＝」のところにbe動詞を入れて考えてみましょう。まずshakenから考えてみましょう。His shoulders are shaken. だと、His shoulders are shaken by him. です。つまり「彼によって肩が震えさせられている」、というふうに彼が意識して肩を震わせていることになります。

😊 それは変ですね。「彼の肩が自ら勝手に震える」様子を表したいはずですから。

😄 そう言いたければ、His shoulders are shaking.（肩が（自ら）震えている。）というふうに自動詞によって表されるわけです。shakeは他動詞では「〜を震わせる」、自動詞では「〜が震える」という意味です。

😊 そうか。では正解はshakingですね。

😄 このようにwith A ＝ BのBに入る動詞が自動詞なら〜ing、他動詞なら過去分詞になるのが一般的です。

疑問代名詞 + to 不定詞

便利だからもっと使って欲しい

第37項

もっと使って欲しい「疑問詞 + to 不定詞」

😊 便利な表現でありながら、使っている人を意外に見かけないのが、**「疑問詞 + to 不定詞」**です。ほとんどの場合「（疑問詞）すべき」と訳されます。これは it で置き換えられることでわかる通り名詞の働きをするかたまり、つまり名詞句です。

例 We have to make decisions about <u>what to do</u> in each case.

訳 「我々はそれぞれのケースにおいて、<u>何をすべきか</u>、決めなければいけません。」

🙂 about は前置詞ですから、その後ろには about it のように代名詞がくるわけですが、そういった代名詞や名詞と同じ使い方をすることができるわけですね。

😊 そうですね。ほとんどの場合、**動詞や前置詞の目的語として**使われ、頻度は落ちますが、**主語として**使われることもあります。

例 Successful people know <u>when to take a risk.</u> know の目的語

訳 「成功者たちは、<u>いつリスクを取るべきか</u>をわかっています。」

例 For girls aged from 6 to 10, <u>what to wear</u> is their big decision. 主語

訳 「6歳から10歳の女の子にとって、<u>何を着るべきか</u>というのは大きな決断となります。」

例 The question is <u>where to open</u> the new office. 補語

訳 「問題は<u>どこに新オフィスを開くか</u>、ということだ。」
　→ 補語として使う場合は the question is ~ / the problem is ~ の形が一般的。

使用上のポイント

なぜ「〜すべき」という意味が出るのですか？

「→」を根っこの意味に持つtoのおかげで、to不定詞には「〜すること
に向かう」という意味が備わっていて、例えばwhat to doなら直訳の「何
をすることに向かうのか」から「何をするべきか」という意味が出ます。
他にもwhen to start itなら「いつそれを始めることに向かうのか」か
ら「それをいつ始めるべきか」といった感じですね。

実際に使うに当たって他に注意することはありますか？

はい。使っている疑問詞が、**疑問代名詞なのか**、**疑問副詞なのか**によって、
疑問詞の後ろに続く言葉の構造が少し変わるので注意が必要です。

疑問代名詞と疑問副詞って何ですか？

**whatとwhich、それからwhoは、物や人という名詞を尋ねる疑問代
名詞です。一方でwhen、where、howは、「いつ（やる）」「どこで（やる）」
「どうやって（やる）」というように、動作の起きる場所、時、それから
動作のやり方を尋ねる疑問副詞**です。

副詞は主に動作の様子を説明、つまり動詞を修飾するのでしたね。

その通りです。本項では「疑問代名詞＋to不定詞」を説明し、次項で「疑
問副詞＋to不定詞」を説明します。

疑問代名詞what、which、whoの場合

疑問代名詞の場合、後ろにくる不定詞句は、**「目的語が欠けた形」**にな
る場合がほとんどです。

どういうことですか？

名詞というのは主語にも目的語にもなる品詞ですが、例えば「疑問代名
詞＋to不定詞」では、**疑問代名詞は不定詞の目的語であるのが普通で**

す。不定詞の動詞の意味上の主語として使われることはほとんどありません。例えばwhatで見てみましょう。「何をすべきか」なら、もとはto do whatだったのが、

という形になるので、不定詞の目的語に当たる部分が「欠けた」形になります。もしくは、to不定詞の部分に動詞＋前置詞というセットフレーズがくる場合、前置詞の目的語が欠けます。

例 **They don't understand <u>what to look for</u>.**

訳 「彼らは何を探すべきかがわかっていません。」
→ look for の目的語が what となって、to の前に出てきている。

🙂 これはwhichやwhoでも同じなのですね?

😀 同じです。whichは与えられた選択肢からどれを選ぶか、ということを表す疑問詞で、which to の後ろにくる不定詞にはchooseやuseといった「選択」に関連する動詞がきて、なおかつ目的語が欠けています。

例 **I'd like some advice because we do not know <u>which to choose</u>.**

訳 「我々にはどれを選べばよいかわからないので、アドバイスをいただければと思います。」
→ choose の目的語が which であり、to の前に出てきている

🙂 なるほど、ではwhoは?

😀 whoの場合は少しややこしいです。whoは主格、whomは目的格なのですが、現代英語ではwhomというのは非常に硬く響く言葉となっており、堅苦しさを避けるためにwhomの代用としてwhoが使われることがとてもよくあります。例えば、コーパス（COCA）によるとwho＋to不定詞でもっとも使われる形の1つにwho to trust（誰を信頼すべきか）というのがありますが、ここでのwhoはtrustの目的語です。です

から文法上はwhom to trustになるべきなのですが、コーパスで用例数を検索するとwho to trustが193件で、whom to trustが67件というふうに、約3倍の差があります。

😊 whomを使わないわけではないのですね。

😄 使いますが、whoの半分以下という頻度ですね。特にアメリカ英語には文化的に堅苦しさを避けようという空気があります。我々英語のノンネイティブも、ビジネスシーンなどでwhoを使って構わないと思います。

例 I really don't know <u>who to trust</u> anymore.

訳 「誰を信用してよいのか、本当にもう、わからない。」
→ who to trust はほとんどの場合、not know who to trust の形で使われる。

第5章　節と修飾句　第37項

---

whether to 不定詞：「〜するべきかどうか」

😄 疑問詞というより、接続詞でよく使われるwhether（〜かどうか）もこの構文によく使われます。

😊 whether S + V 〜で「SがVするかどうか」という時に出てくるwhetherですよね。なぜ疑問詞でもないのにこの構文に使われるのですか？

😄 whで始まることでわかる通り、whetherはもともと疑問詞の仲間なのです。語源的にはwh-は疑問を意味し、-etherはeitherと同源で「2つのうちのどちらか一方」です。

😊 つまり「2つのうちのどちらかわからない→yesとnoのどちらかわからない→〜かどうか」ということなのですか？

😄 そのとおりです。このように**疑問詞の意味を持っている**のでwhetherはこの構文で使われます。使ってみるとかなり便利だということを実感できる表現です。

例 We discussed whether to join the project.

訳 「我々は、その計画に参加するべきかどうかを話し合った。」

疑問形容詞のwhatとwhich

次に**疑問形容詞**として使われるwhatとwhichにto不定詞が付く場合について、解説します。

疑問形容詞というのは何ですか?

疑問代名詞のwhatは「何」という意味で、whichは「どれ、どちら」という意味で単独で使えました。しかし、疑問形容詞は名詞と一緒に使って**what+名詞**で「何の(名詞)」、**which+名詞**で「どの(名詞)」「どちらの(名詞)」というふうに使います。

形容詞は名詞の様子を説明する言葉だから、疑問形容詞と呼ばれるのですね。

そうです。

例 In times like these, it is important to think about which candidate to vote for.

訳 「このような時期には、どの候補者に投票するかをよく考えるのは大事なことです。」
　→ vote for Aで「Aに投票する」。think about Aはabout(周辺)が持つ意味により、心がウロウロと迷いながらよく考えることを表す。

例 The government should decide what action to take more quickly.

訳 「政府はどのような行動をとるべきか、もっと早く決定するべきです。」

　この疑問形容詞の後ろにwayとdirectionという言葉がくる時に、注意を必要とする場合があるのですが、それは次項で説明していきます。

疑問副詞＋to 不定詞

欠けたところがない理由

疑問副詞＋to不定詞は「欠けた」ところがない

😀 本項では疑問副詞であるwhen, where, howにto不定詞が付く場合を説明します。

🧑 疑問代名詞のwhatやwhichとは何か違うところがあるのですか？

😀 不定詞の後ろの形が異なります。疑問代名詞whatやwhichの時には、to不定詞は目的語が欠けた形になりました。しかし、**疑問副詞であるwhen, where, howの場合、to不定詞は目的語の欠けていない、完全な形になります。**

例 We should consider how to win approval for the plan.

　　　　　　　　　　　　　　　　　 動詞　 目的語

訳 「我々は計画の承認を得る方法を考えるべきだ。」

→ considerはthink aboutに似ていて、「もしこうしたら、ああなるだろうか」などとシミュレーションしながらいろいろ考えることを表す。winは目的語を取るときは「勝つ」ではなく、「〜を勝ち取る」。

例 He decided when to finish training.

　　　　　　　　　 動詞　 目的語

訳 「いつ研修を終了させるかは彼が決めた。」

🧑 なぜ「欠けたところがない」のですか？

😀 もとの文を考えてみましょう。

例 He decided to finish training <u>the next week</u>.

（動詞）（目的語）（副詞）

訳 「彼は<u>来週</u>、研修を終了することを決めた。」

上記の文の the next week が when に当たる箇所です。そして the next week はいつ「終わらせる」のかということ、つまり動作を説明する副詞です。この the next week が when に変わり、

He decided **when** to finish training [　　　].

（副詞）（動詞）（目的語）

というふうに位置を変えたわけです。

😊 そうか、目的語が疑問詞に変わったわけではないので、to finish のあとには training という目的語がきちんと存在して、何も欠けたところのない不定詞句ができるわけか。

😀 そういうことです。問題は、what to finish（何を終わらせるべきか）など、疑問代名詞を使うときに目的語を使わない「リズム」に慣れてしまった英語学習者が、**深く考えずに where to finish などというふうに目的語を欠落させた文を作ってしまう**というところにあります。

😊 感覚でやってしまうミスですね。

😀 **まずはきちんと文法的に演算できる力を身に付け、ミスを自分で発見できるようにした上で、それを反復して無意識に使えるところまで落とし込む。そのためにも文法の知識を有効に活用しましょう。**このようなやり方は時間がかかるように見えますが、このプロセスを通して訓練された方は、根拠がない感覚に頼る学習者と比べると、同じ期間で大きな違いを生み出しています。

which+way/direction

😊 この「欠けている」「欠けていない」の議論で1つ思い出した質問があるのですが。

😄 どうぞ。

😊 goという動詞ですが、「go to場所」となるので、

例 The taxi driver didn't know which hospital to go to.

訳 「タクシーの運転手は、どちらの病院に行けばいいのかわからなかった。」

というふうに、普通toを残してその後ろが欠けた形になりますよね。

😄 その通りですね。

😊 ところがwhichの後ろにwayとかdirectionという、方向を表す言葉がくる時には、

例 The taxi driver didn't know which way to go.

訳 「タクシーの運転手はどちらのルートを行けばいいのかわからなかった。」

というふうにtoがなくなるのを見かけます。これはなぜですか?

😄 いい質問ですね。まず答えから言うと、goやcomeの後ろに「目的地」がくるときにはtoが必要ですが、「進む道筋」がくるときには前置詞はなくても大丈夫です。

😊 どういうことですか?

😄 例えばgo to that hospital（あの病院へ行く）のthat hospitalは、行き着く先・ゴールを表し、これをgoやcomeと共に使うときにはtoという前置詞が必要となります。

例 He went to that hospital.

訳 「彼はあの病院に行った。」

しかし、this way や this direction といった表現はゴールではなく、ゴールにたどり着くためのルートを意味する言葉です。

例 **Go this way.**

訳 「こちらへいらしてください。」
→ 日本語「こちらへ」と言われるとゴールのように聞こえるが、この英文が言いたいことは「このルートを通って来てください」

例 **Why do we need to go this direction?**

訳 「どうして私たちはこの方向に行かなきゃならないんだ？」
→ この this direction も「目的地」ではなく、「進む方向・ルート」を意味する

なるほど、this way や this direction には前置詞が付いていませんね。

way や direction には本来 in という前置詞が付きます。これは方向やルートを「外れてはいけない『枠』」のイメージで捉えているからです。

例 **We should go in this direction because it's much safer.**

訳 「私たちはこっちの方向に行くべきだ。その方がずっと安全だ。」

その枠からはみでたら、道に迷ってしまうということですね。

そうです。そして、this way, that way や this direction, that direction などと一緒に使われる in は省略されることがよくあります。おそらくこうした言葉には in、つまり「（はずれてはいけない）枠」のイメージが色濃くあるから、いちいち in を言わなくてもいい、という感覚が働くのでしょう。

😊 それが、The taxi driver didn't know ~~(in)~~ which way to go. という感覚でinの省略に表れているわけですね。

目的語がto不定詞と、疑問詞＋to不定詞とでは意味が変わるケース

😊 「疑問詞＋to不定詞」の締め括りに、**目的語がto不定詞の場合**と**疑問詞＋to不定詞の場合**とで意味が変わるケースを紹介しましょう。代表的なのはaskです。

😊 askといえば、「尋ねる」という意味と「頼む」という意味があって使い分けが必要なのですよね。

😊 そうです。askは目的語に疑問を表す表現が入れば「尋ねる」に、依頼や命令を意味する表現がくれば「頼む」という意味になります。ただし根っこの意味はあって、askは語源的には「答えを求める」という、質問のイメージを持つ言葉なので、「頼む」という意味の時も「してくれませんか？」という質問調の丁寧な依頼を意味する言葉です。

▶ **疑問を意味する目的語がくる場合**

She asked me some questions.

「彼女は私にいくつか質問した。」

He asked Jane when she will go back home.

「彼はジェーンにいつ帰省するのかと尋ねた。」

▶ **依頼や命令を意味する表現がくる場合**

I asked Tom to pick me up tomorrow morning.

「私はトムに明日の朝車で迎えにくるように頼んだ。」

He asked me for a ride.

「彼は私に、車に乗せて欲しいと頼んだ。」

😊 疑問の場合はわかりやすいのですけれど、to不定詞やfor＋名詞がくるとなぜ依頼の意味になるのですか？

😄 依頼や命令は「今やっていないことをこれからやってね」という「未来へ目が向く」表現です。したがって**to不定詞の「これから〜することへ向かう」**や**forの「目標」**という感覚が合うわけです。さて、askの目的語に疑問詞＋to不定詞がくる場合と、ただのto不定詞がくる場合とで意味が変わる理由、わかりましたか？

😊 はい、疑問詞＋to不定詞は疑問の意味を持つからaskは「尋ねる」という意味になり、単なるto不定詞の場合は「依頼」の意味になる、ということですね？

😄 その通りです。

例 He asked me when to start the project.

訳 「彼は私にいつプロジェクトを始めればよいかと尋ねた。」

例 He asked me to start the project.

訳 「彼は私にプロジェクトを始めるよう頼んだ。」

副詞節と名詞節の使い分け

同じ if でも意味が異なる

🧑‍🦲 if には **「もし」** という意味と **「〜かどうか」** という意味があるのはご存知ですね。

🧑 はい、知っています。

🧑‍🦲 ではどうやって、その2つの意味を区別していますか？

🧑 正直なところ、よくわかっていないのですよ。読んだ時に、なんとなくこういう意味かなとか、こっちの意味を当てはめたら意味が通るな、とか、そういう感じなのです。

🧑‍🦲 読む時にはそれでなんとかなることもあるとは思いますが、自分で書く、話す、となると、もっと正確に、意識的な使い分けができていないといけません。

🧑 何かやりかたがあるのですか？

🧑‍🦲 結論から言うと、**名詞節の if は「〜かどうか」**で、**副詞節の if は「もし〜」**です。

🧑 う〜ん、文法の参考書でそういう説明は見たことありますが、何を言っているのか、よくわからないんですよ。

🧑‍🦲 本項ではこの区別について解説していきます。

名詞節：it で置き換えられる S ＋ V 〜

🧑‍🦲 まずは名詞節から説明します。節というのは何でしたっけ？

😀 大きな文の中に組み込まれた、小さな S ＋ V ～のかたまりのことですね。

😁 よくできました。その節が名詞の働きをしていたら名詞節です。

😀 どうやったら名詞だとわかるのですか？

😁 その節を、**itという代名詞で置き換えても意味が通る**なら、それは名詞と同じ働きをしているわけですから、それは名詞節だと言えます。

例 We believe that no one is above the law.

訳 「誰も法律を超えることはできない、と私たちは信じています。」

上記の文はWe believe it.と言っても意味が通りますからthat節（that no one is above the law）は名詞の役割をする名詞節、ということですね。

副詞節：主節の動作の理由、条件、時などの説明

😀 副詞節はどうやって見抜けばよいのですか？

😁 ポイントは2つあります。

---

1 副詞の位置（文頭、文中の否定語の位置、文末）にある。

2 主節の動詞の動作を説明している。

　分詞構文（第5章第34項参照）で見た通り副詞は文頭、文中、文末の3つの位置に現れます。副詞節の場合はほとんどの場合、文頭と文末に現れます。文中の否定語の位置に現れることもありますが、我々ノンネイティブが書いたり話したりする英語にそこまで手の込んだ表現は必要ありません。そして、副詞節は主節の動詞を修飾します。別の言い方をすれば、主節の動詞が行う動作の理由や、条件、また、その動作をいつ行

うか、どこで行うかなどを説明します。一緒に見てみましょう。

例 I didn't answer the phone because I was taking a shower.

訳 「シャワーを浴びていたので、私は電話に出なかった。」

さて、上記の文で、メインの情報、つまり言いたいことは「シャワーを浴びていた」ですか、それとも「電話に出なかった」ですか？

「電話に出なかった」ですね。

その通りです。こうやって2つの節が接続詞（ここではbecause）でつながれている文では、メインの情報の節（電話に出なかった）を**主節**、脇役の情報の節（シャワーを浴びていたので）を**従属節**と呼びます。このように**「情報の軽重」**の観点から見ると2つの節は主節、従属節と呼ばれますが、品詞の観点から見ると、接続詞の付いているbecause I was taking a showerは副詞節と呼ぶことができます。なぜかわかりますか？

えーっと、because I was taking a showerは、主節の動詞であるdidn't answerという動作の理由を説明しているからですか？

その通りです。動詞を修飾、つまり**動作を詳しく説明するのが副詞**ですから、because I was taking a showerは副詞節と呼べるわけです。ではこのbecause 〜 a showerはなぜ名詞節ではないと言えますか？

え？ なぜだろう。

思い出してください。名詞節の特徴はitで置き換えても意味が通ることでした。because 〜 showerをitに置き換えてみてください。

✗ I didn't answer the phone it.

直訳：「私は電話にそれ出なかった。」

なるほど、意味が通じないですね。だから名詞節ではないと言えるのですね。

if を見分けてみる

さて、実際に**名詞節のif**と**副詞節のif**を見分けてみましょう。

問題

以下のif節は名詞節か、それとも副詞節か、なぜそう判別できるかの理由を添えて説明せよ。

① I asked her if Jeff had attended the meeting.

② Call me if you have any questions.

どうですか? ちゃんと説明しようとすると意外とややこしい問題で、askやcallの構文まで把握しておく必要があります。言っておきますが、「もし」とか「かどうか」という意味を当てはめて、しっくりきたから……というのはダメですよ。文法的な説明をしてくださいね。

えーっと、まず①ですが、askは、第4文型のask O1+O2で「O1にO2を尋ねる」という表現があります。目的語は必ず名詞だから、if 〜 meetingは名詞節ですね。

素晴らしいですね。その通りです。名詞節のifは「〜かどうか」ですから、「私は彼女にジェフがミーティングに出たかどうかを尋ねた。」となります。

②ですが、callには第3文型のcall Oで「Oに電話する」という表現と、第5文型のcall O Cで「OをCと呼ぶ」という表現があってCには呼び名が入ります（例:Call me Nick.「私をニックと呼んでくれ。」）。if 〜 questionsはどう見ても呼び名にはならないですから、この文は第3文型で、

248

<u>Call me if you have any questions.</u>

 V O 　　　　　　副詞節

と考えるのが妥当です。if 〜 questionsは、「どういう条件なら電話し
ろというのか」というふうに主節の動詞callの条件を説明する副詞の働
きをしていると言えます。

😊 完璧な説明ですね。素晴らしいです。というわけでこのifは「もし」と
いう意味であり、この文は「何か質問があれば電話をください。」とい
う意味になるわけです。

whetherの使い分け

😊 ifと同様、「〜かどうか」という意味で使われる接続詞whetherにもこ
れと同じことが起きます。

🙂 whetherも名詞節と副詞節で意味が変わるのですか？

😊 はい。名詞節では「〜かどうか」という意味になり、副詞節では「Aで
あろうが、Bであろうが」となります。（whetherの語源に関しては第5
章第37項参照）

例 1. I'm not sure <u>whether he accepted the terms.</u>　名詞節

訳 「彼がその条件を受け入れたのかどうかは、よくわからない。」

例 2. <u>Whether you like it or not</u>, he is the next prime minister of
Japan.　副詞節

訳 「好むと好むまいと、彼が日本の次期首相なのだ。」

🙂 1.のような、I'm sure that S + V 〜のあとにくるwhetherの節は名詞
節なのですか？

😊 そうです。I'm sure that S + V 〜やI'm afraid that S + V 〜というよう

な、「主語＋be動詞＋形容詞＋that S ＋ V 〜」というのは普通の文型では測れない特殊な構文ですが、こうした確信していることを表す形容詞（sure, certain, confident, positive など）や、情緒を表す形容詞（angry, afraid, disappointed など）が、「人 be動詞＋形容詞 that S ＋ V 〜」という構文をとる時、その that 節は名詞節です。いずれも心の中で思っていることを表すことですから、I think that S ＋ V 〜と同じ感覚で生まれた構文なのだと思います。ちなみにここには whether だけでなく if を使っても「〜かどうか」という意味を出せます。

一方で、2. の whether you like it or not は whether 節を it で置き換えても意味は通らないですから名詞節ではないわけですね。

そうです。多くの場合この whether 節は or を伴って、「A であろうが、B であろうが（どちらにしても結局）」という意味を出します。

間接疑問文

疑問詞がなければ何でつなぐ？

🙂 前項で if と whether を解説したので、ここで間接疑問文も確認しておきましょう。

😊 間接疑問文？

🙂 はい。疑問文には大きく分けて、**直接疑問文**と**間接疑問文**の2つがあります。

直接疑問文：What is this? や Is this yours? といったような、独立した1つの疑問文。

間接疑問文：I don't know when he will arrive. のような、大きな文の中に組み込まれた小さな疑問文。

😊 ああ、語順が肯定文の語順になるやつですか。

🙂 そうです。上の例文なら、太字部分にあるように when will he arrive ではなく when he will arrive です。組み込まれる疑問文の語順に注意ですね。さて、本項では一歩踏み込んで、if や whether を使った名詞節も実は間接疑問文なのだということを解説します。

😊 え？前項でやった「〜かどうか」の if や whether は間接疑問文なのですか？

🙂 そうなんですよ。ではその理屈を説明します。疑問文を大きな文に組み込む時、疑問文に付いている when や what などの疑問詞は一種の接続詞の役割を果たします。

I don't know ← **when** → he will come.

接着剤

😐 なるほど。when とか what、why といった疑問詞でくっつけるのですね。

😃 ところが疑問詞のない疑問文ってありますよね。

😐 たしかに。Is he all right? とかのyes/no疑問文ですね。

😃 こういった疑問詞を持たない疑問文をくっつけるための接着剤、つまり接続詞は何だと思います？

😐 ……あ！それがif と whetherですか。

😃 そうです。リーディングの観点だと単に「〜かどうか」という意味を持つ言葉、というだけのif と whetherですが、**英文を作るという観点で見ると、これらは疑問詞を持たない疑問文を間接疑問文にするときの接着剤の役割になるのですよ。**

😐 確かに。「〜かどうか」というのは「〜なのか、そうではないのか」、つまり yesか noかということですものね。

😃 yes/no疑問文を組み込むのに適しているわけです。

例 I asked her 〜 . ＋ Was he all right?
　 → I asked her if he was all right.

訳 「私は彼女に、彼は大丈夫なのかと尋ねた。」

ifの節、willを付ける？付けない？

😃 以下の文を見てください。

例 I don't know <u>if it will be enough for you</u>. 名詞節

訳 「それで君にとって十分なのかどうか、私にはわからない。」

例 It will be safer if we ask him first. 　副詞節

訳 「まず彼に聞いてみたほうが安全だろう。」

😊 ああ、名詞節の if の方には will が付いていて、副詞節の if には付いていませんね。**「時・条件を表す副詞節には未来の出来事であっても will は付けない」**というルールを知ってはいるのですが、実際にはピンとこないんですよ。名詞節の if の文も、副詞節の if の文も未来のこと、これからのことを表しているという意味では同じじゃないですか。なのに、なぜ片方には will がついて、もう片方には付かないのですかね。

😄 まず when や if など、時や条件を表す副詞節にはなぜ will を付けないのかを説明しましょう。will は「未来」というよりは、**「心がパタンと傾いて、何かを決める」**ということが根っこの意味です。（第2章第11項参照）

😊 はい、そうでしたね。

😄 心って、揺れますよね。例えば、「時間空いたな。この後どうする？」って聞かれたら、「う～ん、どうしよう。」って心が揺れます。で、心がパタンと傾いて「じゃぁ、図書館に行くよ」と決心する。これが意志を表す、I will go to the library. です。

😊 「～するつもりだ」というやつですね。

😄 そうです。そしてもう1つ、「明日の天気はどうかな？」という時に、「う～ん、どうかな」と心が揺れて、自分が持っている情報に基づいて、心がパタンと傾いて「これは晴れるだろうな」と判断が決まる。これが予想を表す、It will be sunny tomorrow. です。

😊 「～だろう」の will ですか。

😄 そうです。このように will というのは心の働きを表す言葉であって、未来の話をする時に機械的に付く標識ではありません。

😊 それと「時・条件の副詞節に will が付かない」というのと、どう関係があるのですか？

😊 時・条件の副詞節に、will に「意志(〜するつもりだ)」か「予想(〜だろう)」のそれぞれの意味を当てはめて考えてみましょう。どちらを当てはめてみても意味がおかしくなることに気づきます。

▶ 言いたいこと：「もし明日晴れたなら、ビーチに行こう。」

✗ If it will be sunny tomorrow, we'll go to the beach.

★ 意志：もし明日、晴れるつもりなら
　→ 天気に意志などないので、意味がおかしくなる。

★ 予想：もし明日晴れるだろうなぁ（と予想したら）
　→ 言いたいことは「晴れるという事態が成立したら、ビーチへ行こう」であって、「晴れるだろうと予想したら、ビーチへ行こう」というのはおかしい。

▶ 言いたいこと：「休みが明けて仕事に戻ったら、それについて話し合おう。」

✗ When we will come back from our break, we'll talk about it.

★ 意志：我々が休みから戻るつもりになる時に
　→ 言いたいことは「休みから戻るという事態が成立する時に、それを話し合おう」であって、「戻るつもりになる時に、話し合おう」というのはおかしい。

★ 予想：我々が休みから戻るであろう（と予想した）時に
　→ 言いたいことは「戻るという事態が成立する時に」ということなので、「戻るだろうと予想する時に、話し合おう」というのはおかしい。

😊 ……なるほど。確かにwillを「意志」か「予想」で考えると、おかしさがわかりますね。

😊 それだけではありません。帰結節の方はwillを使うわけですが、その理由もわかります。we'll go to the beach, we'll talk about itはそれぞれ「私たちで〜しようね」という意志の話をしているのです。ですからこちらはwillを使うのがごく自然なわけです。

😊 そうか。どちらも時間的に見たら同じなのに、なぜ片方だけwillを使う

のがよくわからなかったのがこれでわかりました。

さらに、もう1つ。**意志の話をしていれば、if節にwillを使うのも何ら不思議なことはありません。**

例 If you will not listen to me, at least listen to him.

訳 「私の言うことを聞く気がないなら、少なくとも、彼の言うことは聞け。」

本当だ。「もし〜する気があるなら・ないなら」という話なら副詞節のifでもwillは使えるのか。

要するに、**willの正体が「意志」と「予想」を意味する言葉**だ、ということさえわかれば、こういったルールは特殊でも何でもないわけです。

わかりました。「will＝未来」と機械的に考えるのは改めます。

さて、これで時や条件を表す副詞節はわかりましたので、話を間接疑問文に戻します。冒頭で扱ったこの文ですが、なぜwillが付くかわかりますか？

I don't know if it will be enough for you.

う〜ん、そう言われれば、なぜなのだろう……。

間接疑問文は大きな文の中に小さな疑問文を組み込んだものです。上記の文は、

I don't know ... + Will it be enough for you?

なのです。

そうか。「それであなたには十分だろうか？」という予想を意味する疑問文だ、というわけですね。これなら普通のwillの使い方だ。

😊 というわけで名詞節の if や when でも will は意志や予想を尋ねる普通の疑問文だ、ということがわかりました。ここでクイズです。

問題

以下の when 節は、副詞節か、それとも名詞節か。判断する理由を添えて、説明せよ。

① Let me know when he is back.
② Let me know when he will be back.

😊 ①の文では when 節に will がないので「彼が戻ってくるという事態が成立する時に」という条件を表す副詞節で、「彼が戻ってきたら知らせてくれ。」となり、②の文では when 節は know の目的語で、元は「彼はいつ戻るのだろうか?」という予想 (will) を表す疑問文ですね。したがって名詞節です。「彼がいつ戻ってくるのか知らせてくれ。」という意味になります。

😊 よくできました。その通りです。

(1) (that impresses, tourists to Japan, one of, foreign, the things) is (2) <u>that it's a pretty clean country</u>. I have heard many foreign visitors saying, "I wonder (3) (Japanese buildings, so, are, the walls of, why) clean? (4) <u>While I'm walking on the street</u>, I can hardly see any trash." Most Japanese people seem to take it for granted that they should take care of the garbage they make, and (5) <u>if asked why</u>, they would be stuck for an answer. Of course, this is not the case with everyone in Japan. You will often see back roads littered with empty packaging, coffee cans and cigarette butts. That is, not all Japanese people do the right thing (6) <u>when no one is watching</u>. (7) <u>Whether you like it or not</u>, Japan is not clean in places (8) (will not be, people, observed, which, where, believe they) .

1. カッコ（1）内の語句を、意味が通るように並べ替えよ。

2. 下線部（2）は名詞節か、副詞節か、どちらか。理由も添えて答えよ。

3. カッコ（3）内の語句を、意味が通るように並べ替えよ。

4. 下線部（4）を、分詞構文を使って書き直せ。

5. 下線部（5）の if の意味は「もしも」と「〜かどうか」のうちのどちらか。そう判断できる文法的理由を添えて答えよ。また、下線部（5）にある省略を復元せよ。

6. 下線部（6）を with を使った付帯状況の構文で書き換えよ。

7. 下線部（7）の whether は「〜かどうか」と「〜であろうが」のうちのどちらか。そう判断できる文法的理由を添えて答えよ。

8. カッコ（8）内の語句を、意味が通るように並べ替えよ。ただし、1 語余計である。

1. One of the things that impresses foreign tourists to Japan
   one of the things が先行詞。どんな「ものの1つ」なのかを詳しく説明する関係代名詞節が that impresses foreign tourists to Japan。

2. 名詞節。下線部（2）を代名詞 it で置き換えても意味が通るので、この節は名詞と同じ働きをしている。

3. why the walls of Japanese buildings are so
   動詞 wonder の目的語を表す間接疑問文なので、肯定文の語順になることに注意。

4. Walking on the street
   接続詞 while を削除し、主節と同一の主語である I を削除。be 動詞を削除する。または、接続詞 while を残して、While walking on the street でも可。

5. ここは it に置き換えても意味が通らないので名詞節ではない。主節の動詞（would be stuck）の条件を説明する副詞節。したがって、if は「もしも」という意味になる。主節と同一の主語と be 動詞が省略されているのでそれを復元すると、If they were asked why となる。仮定法過去の文なので、be 動詞が were になることに注意。

6. with no one watching
   with の後ろは A is B の文から is を省いた形になるのが基本。

7. 「～であろうが」。
   「好むと好まざるに関わらず」という意味を表す副詞節。この節を it で置き換えても意味が通らないので、この節は名詞節ではなく副詞節で、主節の動詞 is（not clean）の条件を説明している。

8. where people believe they will not be observed（自分が見られていないだろうと考えているところでは）。
   先行詞 places を関係詞節の中に入れた時、in を添えて in places としないと文法的にうまく入らない。前置詞＋先行詞なので、関係副詞になる。したがって、which ではなく where を使う。

参考文献

Biber, Douglas (et al.). 1999. *Longman Grammar of Spoken and Written English.* Essex: Pearson Education Limited.

Harper, Douglas. *Online Etymology Dictionary*: https://www.etymonline.com/ .

English-Corpora.org（コーパス）: https://www.english-corpora.org/corpora.asp .

Langacker, Ronald W. 1987. *Foundations of Cognitive Grammar vol. 1*. Stanford: Stanford University Press.

Langacker, Ronald W. 1991. *Concept, image and Symbol : the Cognitive Basis of Grammar*. Berlin: Mouton de Gruyter.

Taylor, John R. 2002 *Cognitive Grammar*. New York: Oxford University Press Inc.

Radden, Günter/Dirven, René. 2007. *Cognitive English Grammar*. Amsterdam/Philadelphia: John Benjamins Publishing Company.

時吉秀弥 . 2019.『英文法の鬼 100 則』. 東京：明日香出版社 .

巻末インタビュー

時吉先生に
聞いてみました。

先生の学習経験、留学・受
験英語・英文法についての
考え方、さらに認知言語学っ
てどんなものなのかについ
て質問しています。

学生時代、英語は好きでしたか？

　英語は好きでした。その理由は、自分の英語との最初の出会いが、英会話教室でのアメリカ人教師によるものだったからだと思います。小学5年生のときでしたから、学校で英語を学び始める前の話です。その先生と話すためには日本語ではだめだ、というところから始まり、英語で一言二言、コミュニケーションがとれるようになる……こういう経験が最初にあることはとても大きいことで、このおかげで自分にとって英語とは、学校の勉強というよりは、「意思疎通をするための道具」という位置付けができあがったのです。英語をちゃんと勉強する、という感じにはなりませんでしたが、英会話教室は楽しかったです。しかし、そのうち中学生活も忙しくなり、英会話教室よりは塾、ということになり、英語も勉強科目の1つとして勉強するようになりました。まだ得意科目ではありましたが、「英語が好き！」というような気持ちは次第に薄れていったと思います。

　高校生の私は1年生から2年生にかけて、まったく勉強をしない時期がありました。それはもう、各教科ともに成績も惨憺たるもので、テストでは毎回、学年でほぼ最下位でした。英語に関してですが、「学校の勉強はできなくても、会話はできる」という根拠のない自信がありました。でも実際は、英会話教室で繰り返し使っていた、本当に数えるほどのフレーズを、一言二言、学校にいたアメリカ人教師に英語で話しかけて、周りのみんなにいい格好をしてみただけ、というひどいもので、もちろんそれ以上の複雑な会話はできません。そんなものでした。余談ですが、この癖は今の私にも残っていて、中途半端にいろんな外国語を覚えて、カタコトでやたらと外国人に話しかけたがる私を、妻はとても嫌がっています（笑）。でも、語学は使えるようになる喜びがあってこそ続くものだと思っていますので、私はこれでよいと思っています。

　さて、どうしようもない高校生の私でしたが、アメリカに行ってみたいという気持ちはすごく強くありました。高校2年の夏に、学校で募集していたホームステイのプログラムがあり、冗談半分のつもりで親に「行ってみたい」と言ったところ、なんと、OKを出してくれたのです。

それくらい親は、勉強しない私を心配していたのでしょう。そしてこの時カリフォルニアで過ごした1カ月のおかげで、私はまた英語を好きになりました。英語以外でコミュニケーションを取ることができない、という環境は、私にとって原点回帰でした。苦労も多かった1カ月ですが、英語に初めて触れた時の楽しさが蘇ったのだと思います。日本に帰ってから、大学に行こうと思い、必死に勉強するようになりました。

> これまでに自分の人生が変わるような出来事はありましたか？

　高校2年の夏に行った、カリフォルニアでの1カ月間のホームスティがそうです。アメリカに滞在してみて、自分がそれまで思い描いていた「人生とはこういうものだ」という考えはあまりにも狭いものだったのだ、と思うようになりました。世の中にはいろんな文化があって、自分が当たり前だと思っていた常識や行動パターンは全く当たり前ではなかったのです。中途半端な思い込みで人生の高を括っていた高校生にとって、そういう「常識が音を立てて崩れていく体験」をすることは、大きな衝撃でした。そしてプログラムの一環で訪れた、カリフォルニア大学バークレー校のキャンパスはとても美しく、歩いたり、芝生に座って談笑していたりする学生がとても眩しく見えました。実はそれまでの私は、高校に入って始めた落語の魅力に取り憑かれ、高校を出たら大学に行かず、落語家になるためにどこかに弟子入りしようと思っていました。でも、このホームスティでの経験がきっかけとなって、「もっと広い世界を見たい。そのために大学生活という時間が必要だ。」と思うようになったのです。1カ月のアメリカ生活ではそんなに英語は話せるようにはなりませんでしたが、間違いなく人生が変わった1カ月でした。

　帰国後、英語をちゃんと使えるようになりたい、ということで、大学を探しました。私が住んでいたところは兵庫県の姫路市というところでした。その近くでしっかりと英語が勉強できそうなところに、同じ兵庫県の神戸市外国語大学というところがあったので、よし、そこへ行こうと思いました。それはいいのですが、ここの英米語学科は当時偏差値が

66〜67くらいで、一方、勉強を全くしてこなかった私の偏差値は30そこそこという惨状でした。しかし、目標というのはものすごいものです。それから狂ったように勉強しました。手始めに夏休みには1日12時間、冬休みにはさらにエスカレートして1日16時間勉強しました。もう、寝るのと食事と風呂以外は全て勉強です。一浪しましたが、おかげで見事合格を果たしました。高校の成績も、それまで最下位の辺りをさまよっていたのが、トップレベルの成績で卒業できました。それまで劣等感に沈んでいた私が、自信を持てるようになった初めての出来事が大学受験ですね。50歳を超えた今思うことは、どれだけ頑張っても思い通りにいかないことが多い人生の中で、頑張ったら人生を変えることができるんですから、勉強ってお得だな、ということです。大学受験や資格試験を頑張っている皆さん、是非頑張って欲しいです。

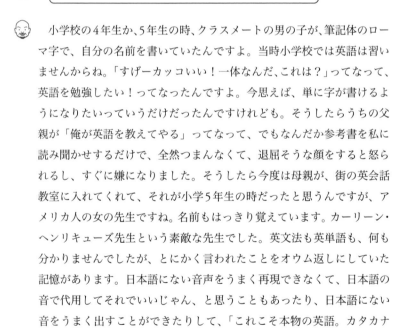

英語に興味を持つようになったのはいつですか？

小学校の4年生か、5年生の時、クラスメートの男の子が、筆記体のローマ字で、自分の名前を書いていたんですよ。当時小学校では英語は習いませんからね。「すげーカッコいい！一体なんだ、これは？」ってなって、英語を勉強したい！ってなったんですよ。今思えば、単に字が書けるようになりたいっていうだけだったんですけれども。そうしたらうちの父親が「俺が英語を教えてやる」ってなって、でもなんだか参考書を私に読み聞かせするだけで、全然つまんなくて、退屈そうな顔をすると怒られるし、すぐに嫌になりました。そうしたら今度は母親が、街の英会話教室に入れてくれて、それが小学5年生の時だったと思うんですが、アメリカ人の女の先生ですね。名前もはっきり覚えています。カーリーン・ヘンリキューズ先生という素敵な先生でした。英文法も英単語も、何も分かりませんでしたが、とにかく言われたことをオウム返しにしていた記憶があります。日本語にない音声をうまく再現できなくて、日本語の音で代用してそれでいいじゃん、と思うこともあったり、日本語にない音をうまく出すことができたりして、「これこそ本物の英語。カタカナ

じゃない。」なんて悦に入ったりしましたね。英語学習の一番最初から、英語ネイティブに触れ合えたことはとてもよかったと思います。彼らと接すること自体がエキサイティングで、学習の重要な動機付けになりました。

こういうことを思い出してみると、小学生で英語を初めて習うときには、体験的面白さを優先するのがいいですね。英語ネイティブに直に接するとか、簡単な英単語が自分で書けるようになるとか、日本語にない英語らしい音を発音できるようになるとか、ですね。もちろん、そこには日本語話者の英語教師もアシスタントでついた方がいいです。そして、次の段階では生徒に簡単な例文をたくさん覚えてもらい、そのときに例文中に頻出する構文を抽出して教えるという感じですね。その構文を通して、少しずつ、文法に触れていく、というやり方です。そこら辺から日本語話者の英語教師の役割が増えていきます。もし最初から日本語話者の教師によって文法を教えるというスタイルを取ると、その文法が何の役に立つのかも生徒は実感できませんから、文法は少し、あくまで少しなのですが、後から教えるのがよいかもしれません。私は、初等の英語学習において文法というのは「橋」のようなものだと思っていて、最初にいくつかの「島」を知識や体験として与えた後、それらの島を繋ぐための橋として文法を教えた方が、効果はあると思っています。島もないのに橋を用意しても、どこにも架ける場所がないですからね。

英文法に興味を持つようになったきっかけは？

27歳から代々木ゼミナールの中学グリーン部というところで英語を教え始めました。人に教えるようになって、本当の意味で細かいところまで英語を勉強するようになりました。文法もそうです。最初のうちは「とにかくたくさんルールを知っていることが偉いんだ。1つでも多く、人の知らないルールまで知るようにしよう！」という感じでした。しかし、教えているうちに「そういうルールを伝えてドヤ顔をしても、教わる方はそれでは納得しないなあ。」と感じるようになったのです。生徒

に「なるほど」感を持たせることができなければ、退屈な授業で終わってしまうのです。自分が勉強するだけなら、ワケがわからなくてもとにかく覚えてしまえばこちらの勝ちなのですが、教えるとなるとそうはいきません。

　ある日、いろいろと悩みながら教えている時、ふと気づいたんです。それはatという前置詞の用法を眺めていた時のことでした。「あれ？ atにはいろいろな意味があるけれど、ひょっとしてどれも同じことを言ってないか？」、時も、場所も、look atのatも、すべて「動いている最中の1点を指す」と考えれば、全て腑に落ちるな、と思ったのです。またinを「枠の中に存在する」と考えれば、同じように場所を指していてもatとinのイメージの違いが明確に感じ取れる気がしました。英単語の中でもっとも意味が多岐にわたるのは前置詞で、英語学習者の悩みの種です。それが解決できるようになるのでは？ これなら生徒のみんなに「なるほど」感を届けることができるのでは？ と思いました。今考えても、自分の人生が決まった瞬間です。それからはいろんな単語の意味を深く考えるようになりました。1つの単語に複数の意味がある場合、なにか根っこのようなものがあるのではないかと、穴が開くほど辞書を見つめる日々が続きました。ただし、あくまでもそれは単語の意味に関する話でした。けれどもいつの頃からか、ひょっとしたら文法にも何かこういうイメージ的なものがあるのかな……とも考えるようになったのです。

　私の考え方は文法をルールではなく、イメージ的なものとして捉えようとするものでした。普段心に浮かぶイメージを、母語である日本語に自由に変換するように、英語でもそれができるのではないか、と思ったのです。その想いを満たす本を、片っ端からあさっていたある日、渋谷の本屋で『認知言語学入門』（ウンゲラーとシュミット著：池上嘉彦監訳）に出会いました。中身に目を通した瞬間、「まさにこれだ！」とすぐに買い求めました。訳者の1人には後に認知言語学の恩師になる西村義樹先生もいらっしゃいました。私にとって運命的な本です。ここから私の本格的な文法研究がはじまりました。

留学すれば、英語は話せるようになりますか？

 　留学はする価値がありますし、英語の能力をあげるために最高の環境を作ることが「可能に」なります。しかし、留学すれば自動的に英語が話せるようになるのではない、ということは断言しておきます。

1. 留学する前にしっかり勉強しておく

　留学中の環境は、英語を絶えず聞き、英語を絶えず使う、という実践の場を提供してくれるものです。ですから、日本国内で英語を使わない日々を過ごすのに比べると格段のスピードで上達します。しかし、留学の期間は数週間から長くて数年と、限られています。その限られた時間内に最大限の効率で語学力を向上させるには、留学前にきちんと勉強しておく必要があります。事前に蓄積した力が大きいほど、留学中の学力の伸び幅は大きくなります。「留学してから勉強すればいいや」ということを言う人を見かけますが、お金と時間をドブに捨てるようなものです。皆さんも試合前にはしっかり練習するでしょう。つまらない試合をすれば、「もっと練習しておけばよかった」と思うものです。勉強をしないで留学をしたら同じことを感じるはめになります。

2. 環境を自分で作り、留学中も必死で勉強する

　ただそこにいても、語学力は絶対に伸びません。私は1年と少しアメリカにいましたが、その間、中途半端な日本人留学生を何人も見てきました。典型的な負のスパイラルは次のような感じです。勉強を怠ると、語学力は伸びない。自信がないので現地の学生に話しかけることができない。だから日本人同士で固まって日常は日本語で過ごすことになる。1人だけ抜け駆けして現地の学生と交わることはますますやりにくくなり、そしてそのまま帰国。こうならないためにも留学前にしっかり勉強し、留学中はなるべく現地の学生、あるいは他の国から来た学生と積極的に交流し、英語でしかコミュニケーションがとれないという環境を作りましょう。そして、毎日しっかり課題をこなし、日々英語の力を高めつつ、それを実際に使用して日々を過ごしましょう。日本人の友達を作るな、ということではありません。もちろん作っていいですし、留学中

の友人は、一生の友人・仲間になる可能性がとても高いです。しかし日本人グループが自分の「逃げ場」になってはいけません。私は現地の大学附属の語学学校は数カ月で辞め、その後は大学の正規の授業を受けました。「英語を」勉強するよりは「英語で」勉強した方が効果があると考えたからです。でもきつかったですね。毎日数十ページ、テキストを読んで予習し、ノートをとり、聞き取れなくてノートが取れないところはクラスメートにノートを借り、必死で勉強しました。だから私は留学して英語の力が飛躍的に伸びたと思っていますし、大きな自信もつきました。ただアメリカに行くだけではダメだったと思います。

> 受験英語をどう思いますか？

　受験英語の知識自体は否定的に捉える要素は全くありません。受験英語で身につく文法知識や、文章を読み解く力がなければ、十分に英語を話したり書いたりすることもできません。ただし、現状の英語教育ではゴールの設定の仕方に問題があります。「英文を読んで、意味がわかればそれでよい」というのがゴールになってしまう、というのが問題です。そのようなゴールが受験の最適解となってしまうのは、それで試験の点数が取れてしまうからです。しかし、これではいつまで経っても英文を書いたり話したりすることはできません。この「ゴール」設定で、どのような弊害が起きるのかを以下に並べます。

1. 単語だけを覚える癖がつき、構文や例文を覚える癖がつかない

　受験英語に必要なのは単語力です。逆にいえば、ある程度文の構造がわからなくても、そこに並んでいる単語の意味を知っていればなんとなくその文の言いたいことが想像できてしまいます。これは中国語を知らなくても、そこに並んでいる漢字を知っていれば、ある程度の意味の推測ができるのに似ています。もちろん高度な文章を速く正確に読み解くのにはもっと精密な知識が必要であることは認めます。しかし、目標となる読解の精度を100だとして、実際に一般的な受験生ができるのはせ

いぜい60〜70、つまり、「なんとなく読めている」で終わってしまっている部分が多いというのが現実です。その証拠に、自分が読めるレベルのせめて半分のレベルの英文でさえ、英作文で再現できる受験生というのはほぼいません。英文を作りたければ、単語の並べ方を知らないといけませんから、構文の知識（特に、動詞を中心に、その周りにどういう単語が並ぶのか、という知識）や、例文の知識量がものをいいます。リーディング中心の試験では、この部分がなくてもなんとかなるので、当然ですが、ここを訓練しない人がほとんどです。英単語の日本語訳は覚えても、例文までは一緒に覚えない、という人がほとんどですよね。これが日本人が英語を話せない、核心的な理由です。

2. 英語を口に出す癖がつかない

　これまで大学受験英語を指導してきて、大学受験のセンター試験で、ほぼ満点をとる受験生でも、最後まで間違う可能性が高いのが「発音・アクセント問題」でした。よく、「発音・アクセント問題はパターンで攻略」などという講座が受験直前期に開かれたりしていたのですが、本当に馬鹿馬鹿しい話で、普段から英語を声に出す習慣を持ち、少しでも違和感を感じたら辞書で音声を調べてまたそれを声に出す習慣を持っていれば、苦労をすることなど全くありません。これも「英文を読んで意味がわかればよい」ということをゴールにしている（だから発話に必要な、音声を出せるようになるための訓練は後回し）から起きる現象です。「きちんと発音しようとすると、周りの生徒から冷やかされたり笑われたりする」という現象も、「読んでわかればよい」というゴール設定が生む歪んだ心理です。それ以上の努力をしようとする人間に対して無意識に感じる「恐怖」を打ち消すために、嘲笑しようとするわけです。

受験英語の知識をどう使えば、英語を書いたり話したり
できるようになりますか？

　受験英語で覚える知識をどう使うかという意識の方向性を変え、何を
最もよく覚えるべきかの比重を変えていくことが重要です。英文を作る
とき、文の心臓部は動詞です。辞書で動詞の使い方を必ず確認しましょ
う。辞書を見ればその動詞はどういう文型をとるのか、主語や目的語に
はどのようなタイプの言葉がくるのか、どのような前置詞と共に使うの
か、不定詞と共に使うのか、that節と共に使うのか、動名詞と共に使う
のか、などが書いてあります。辞書の役割は、単語の日本語訳を調べる
ためだけにあるのではありません。動詞の使い方を調べ、例文を必ずい
くつか覚えるようにしましょう。ここで得る知識の理解は、当然ですが、
リーディングの理解力とスピード向上にも絶対的に寄与します。そして
スムーズに読めるものは、スムーズに書けるようになります。その延長
に、スムーズに聞き取れる英文は、スムーズに話せるという事実が待っ
ています。いわゆる「4技能」は全て連動しています。

　次に、構文と熟語を覚えることの重要性です。英単語を覚えることは
とても重要ですが、「書く・話す」を意識するときには、それ以上に英
熟語や構文を覚えることが重要です。つまり、「より大きな情報のかた
まり」を運用できるほうが効率がいいのです。英文を一軒の家に例える
と、構文は家や部屋などの構造物、熟語はその中に設置する家具、単語
は家具の中に収納されている本や食器や衣服、といったところです。家
の構造がきちんとあって、家具がしっかり設置してあれば、その中の衣
服や本を入れ替えることで、見た目が少しずつ変わります。それと同じ
ように、ある程度の数の文のパターンを構文や熟語を通して習得してお
けば、あとは単語を入れ替えるといろいろなことが言えるようになりま
す。このように、受験英語で覚える知識はそのまま使えるのですが、英
文を作るためには、重視するべきところが少し違ってくる、という感じ
です。「家の構造を見てわかる」側から、「自分で家を建てる」側になる
のですから、そこを意識して、「文構造をあやつる」ことをもっと意識
していくようにしましょう。

　最後に。読むことができない英語を、聞き取ることは不可能です。それと同じように、書くことができない英文を話すことは無理です。まず、時間をかけてもいいので書けるようになりましょう。そして書いたものを声に出し、違和感を感じる発音は辞書で調べ、滑らかに口から出てくるまで何度も繰り返し練習しましょう。「書く・話す」は学習というよりは運動技能です。

> 認知言語学とはどのような学問ですか？

　私ごときが認知言語学を語るのは甚だおこがましいので、私の認知言語学の恩師である西村義樹先生のお言葉を、『言語学の教室』（西村義樹・野矢茂樹著　中公新書）から借ります。

「言葉の問題を言語だけに狭く閉じ込めないで、事柄に対するわれわれの見方や態度と結びつけて考えていこうというのが、認知言語学の特徴」（第1章7ページ）

　例えば『言語学の教室』の中で取り上げられた例に「間接受け身（迷惑受け身）」というのがあります。「雨に降られた」「彼女に泣かれた」というのがそうですね。普通の他動詞の文の受動態なら「僕は彼女に殴られた。」→「彼女は僕を殴った。」というように対応する能動態の文を作ることができるのですが、「僕は彼女に泣かれた。」→「彼女は僕を泣いた。」というのは明らかにおかしく、対応する能動態の文を作ることができないのが特徴です。単に「被害にあった」ということが間接受け身だというのなら、「僕は財布に落ちられた」と言ってもよさそうなものですが、そうは言わないわけで、日本語を学習する外国人に「なぜ『落ちられた』はだめなのか」と質問された、という話がこの本の中にも出てきます。『言語学の教室』の中で提示された回答案は「自分で管理できない、どうにもしようがないことは間接受け身で表されるのではないか」というものでした。雨に降られたり、彼女に泣かれたり、親に死な

れたりするというのは、自分で管理できない、身に降りかかってくる状況ですが、財布を落とさないようにする、ということは自分の注意次第でいくらでも管理可能、という趣旨のことが書かれています。このように、単語や熟語に意味があるように、こうした文法の形式、ここの例では間接受け身ですが、そういったものも意味と繋がっている、ということを主張しているのが認知言語学の大きな特徴の1つだと言ってよいでしょう。本書の中で他動詞構文や自動詞構文、あるいは他の文型もそれぞれが意味のユニットである、と述べていますが、これも認知言語学が持つ、言語の見方の反映です。言葉は人間の気持ちを表すものですから、一見ただのルールのように見える文法にも、人間がそこに何を感じているのか、というレベルでの「意味」が関わっている。これは私が英文法を教えるようになってから漠然と感じていることでした。認知言語学はまさにそこに焦点を当てる学問で、出会ったときにとても運命的なものを感じました。

 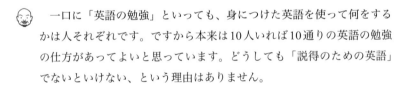

なぜ「説得のための英語」が必要なのですか

　一口に「英語の勉強」といっても、身につけた英語を使って何をするかは人それぞれです。ですから本来は10人いれば10通りの英語の勉強の仕方があってよいと思っています。どうしても「説得のための英語」でないといけない、という理由はありません。

　ただ、私がわざわざ「説得のための英語」を教えているのには、きちんとした理由があります。英語教育の現場に立ってみると、英語を勉強している人たちのあまりにも多くが、ただ「英語ができるようになりたい」というとても漠然とした思いで勉強をしています。これはよくありません。なぜなら明確なゴール設定がなければ、ゴールへ辿り着くための効率的なルート設定ができないからです。例えて言えば、「アメリカへ行きたい」というときに、「アメリカのどの都市に行くのか」を決めなければ航空券を買うこともできない、そういう感じです。「英語で何をするのか」という明確なゴールが本当は必要なのです。もしもそれが

わからないというのなら「説得する英語」を学びましょう。仕事や学業（留学）で英語を書いたり話したりする場合、最も強く求められる英語の分野がこの、「英語を使って自分の意見を、理由をつけて、相手に納得してもらえるように伝える」技術だからです。ライティングのテーマが必ず「～について賛成か反対か、理由を添えて述べよ」となるのは決して偶然ではないのです。

　こうしてゴールをはっきりさせれば、例えば「意見を考えるのにどういう訓練をすればよいか」「理由を考えるのにどういう訓練をすればよいか」「意見＋理由を１つのパラグラフにまで膨らませるにはどういう思考回路を持てばよいか」というふうに、やらなければいけないことが明確になり、さらには「それらを表すにはどういった英語表現があるのか」も明確になります。闇雲に何でもかんでも片っ端から、しかも無限に覚えなければいけないことを増やすのではなく、覚えるべきことを絞り、効率よく体に染み込ませていくことができるわけです。

　このように無駄を削ぎ落とした、限られた時間で成果を上げるプログラムを、「説得のための英語」は用意できるわけです。「英語を勉強して、どうなりたいのか」があいまいなら、「説得のための英語」から入ってみてください。「説得のための英語」は「アメリカに行きたいなら、とりあえずアメリカのエッセンスが詰まった、ニューヨークに行ってみよう」というのに似て、「書いて話すための英語」のエッセンスが詰まったものなのです。

> 最後に読者の皆様にメッセージをお願いします。

　この本を手に取っていただき、心より感謝を申し上げます。初めのうちは、「退屈な英文法のルールに、人間の心を見出すこと」が無上の喜びで、研究を続けてまいりました。しかしいつしか、「人間は自分の気持ちを他人に伝えたい生き物だから、英文法の『気持ち』がわかると英語でもっと、自分の気持ちを伝えたくなる」ことに気づき、それからは

どうやったら効果的に英語で発信ができるようになるかを研究してきました。そして行き着いたのがこの「説得のための英語」です。もちろん英語を発信するための方法ですが、しかし、その思考方法はそのまま日本語でも重宝します。会社勤めをせず、個人で世間の荒波をかいくぐるのに（つまり交渉、契約、プレゼン、そして執筆など）、いったいこれまでどれほど役に立ってきたことか……。自分自身でその効果を確かめてきました。すでに何度も述べてきたことですが、ここで言う「説得力」は相手を打ち負かす力ではなく、自分の言いたいことを、相手にきちんと納得してもらえるように伝える、話し方の順序や、論理の組み立て方のことです。「なぜ？」「例えば？」「つまり？」「そうするとどうなる？」の4つの質問を常に自問し、それに対する答えが自分の話すべきことです。

英語の話に関して、この本の内容を総括すると、こうなります。

「英文は1本の木。木の本体は動詞を中心とする構文が枝を広げたもの。そしてその枝の先にぶら下がる各種の木の実が名詞です。ですから文の形をマスターするために、動詞を中心とする構文を、そして熟語を覚えましょう。さらには、その構文の中に入れる名詞を正確に操るために可算不可算、冠詞、そして総称用法をきちんとマスターしましょう。」

　他にもいろいろあるかもしれませんが、英文を作るのにはこれが一番大事なことだと私は考えています。この本を読んだ上で他の参考書や辞書を読めば、これまでよくわからなかった説明がわかるようになることが増えると思います。この本を読んでみて、難しいなと思ったらしばらく放り出してください。そして勉強を続けてください。ある日きっと、「あれ、確かあのことってこの本の中に」と思う日が来ます。その時にまたこの本を開いてみてください。みなさんが成長するたびに、役に立つ部分が増えてくるように書いてあります。ぜひ末長く、この本とお付き合いいただけるよう、お願い申し上げます。

英語学習お勧め参考書

英語・英文法関連、辞書（すべてスマホアプリ）、
認知言語学関連の 3 つのジャンルに分けてとりあげて
みました。皆さまの英語学習にぜひお役立てください。

📖 英語・英文法関連

『**謎解きの英文法**』シリーズ　久野暲　高見健一　（くろしお出版）

ハーバード大学名誉教授の久野先生と学習院大学教授の高見先生による文法解説
シリーズ。文字通り、数々の英文法の謎が解かれます。文法の謎解きに関しては
日本最高峰の本。

『**英単語の語源図鑑**』　清水建二　すずきひろし　本間昭文　（かんき出版）

簡潔平明、ビジュアルを通して直感に訴えるわかりやすさで、数もこなせます。
語源のおかげで英単語を「日本語訳」ではなく、直接的なイメージで理解できます。
もちろん、記憶にも残ります。

『**ヘミングウェイで学ぶ英文法**』　倉林秀男　河田英介
『**ヘミングウェイで学ぶ英文法 2**』　倉林秀男　今村楯夫　（アスク出版）

文学作品の英語というのは、論説文などに比べて難解であることが多く、英語学
習者には大きな壁なのですが、研究者による背景知識まで含めた詳しい解説のお
かげできちんと理解できるようになっています。ありそうでなかった良書。

『**オー・ヘンリーで学ぶ英文法**』　山本史郎　西村義樹　森田修　（アスク出版）

使われている英文に関する背景知識・文法解説はもちろんのこと、英文法の中に
流れる「英語の世界のものの見方」を認知言語学の視点で西村先生が解説してい
ます。つまり、「英語脳」で小説を読む試み。

『**英文法の鬼 100 則**』　時吉秀弥　（明日香出版社）

みなさんが今読んでいるこの本の土台に当たるのがこの『英文法の鬼 100 則』で
す。合わせて読んでいただけると、さらにしっかりした英文法の概観図を手に入
れることができます。

『**英熟語の鬼 100 則**』　時吉秀弥　（明日香出版社）

英語の使用においてはより大きな情報のチャンク、つまり、単語よりも熟語・構
文の操作が必須です。知っているはずの単語が熟語になるとなぜこんな意味にな
るのかの謎解きを徹底。また、比較表現の解説が日本一（笑）充実しています。

English Grammar in Use　Raymond Murphy（Cambridge University Press）

全編英語で書かれてはいるのですが、平易で読みやすく、「ああ、こういう時には
こう使うんだ」が実感できる良書。文法の謎解きはありませんが、英文法の使い
方を知るのにこれ以上よい本はないのでは。

『ロイヤル英文法』 宮川幸久　綿貫陽　須貝猛敏　高松尚弘 （旺文社）

やはり1冊は持っておくべき、まさに英語学習者にとっての座右の銘です。ずらりと並ぶ英文法のルールがわかりにくい、と思う英語学習者の方々は、本書や『英文法の鬼100則』で謎解きした後に読むと、その価値が再発見できると思います。

『英語の感覚・日本語の感覚』 池上嘉彦 （NHK出版）

西村先生の師匠に当たるのが池上先生。私が口にする日本語と英語の世界の見方の違いは池上先生のお考えを土台にしています。日本庭園と西洋の庭園に見られる両言語の世界の捉え方の違いなど、目から鱗の記述が盛りだくさんです。

『英語の「なぜ?」に答える はじめての英語史』 堀田隆一 （研究社）

現代英語はこれまでの英語が辿ってきた歴史の上に成り立っています。英文法の謎を考える時、英語史を抜きに考えることはできません。英語史が英語という言語に与えた影響を現代英文法の謎と絡めてわかりやすく解説しています。

📖 辞書 （以下すべてスマホアプリ）

これだけの情報がこれだけの精度で掲載され、この値段。世の中に辞書ほどお買い得な書物はありません。辞書だけは、絶対にお金を惜しまないようにしましょう。何かあったら必ず辞書を引きましょう。

『ジーニアス英和辞典第5版』 （大修館書店）

他の高校生〜大学受験向けの英和辞典に比べ、より難しい単語や表現も多くカバーし、構文や文法に配慮した単語解説が多くある、信頼できる1冊です。アプリ版は例文が豊富で助かります。

『オックスフォード現代英英辞典』 （Oxford University Press）

通称OALD。英単語の日本語訳だけではその単語の意味がピンとこない時、英英辞典の出番です。英語学習者用に作られているので英語表現も平易で理解しやすいです。上級の英語学習者は是非とも英英辞典を使う習慣を。

『ロングマン現代英英辞典』 （Pearson Education Limited）

通称LDOCE。OALDに比べて単語説明の記述が詳しく、また、例文も多く掲載されています。私は最初のうちOALDしか使っていなかったのですが、これを買ってからは最初にLDOCEを参照するようになりました。

『新編英和活用大辞典』 (研究社)

英語を使う上で「この単語はどういった単語とセットで使われるのか」（コロケーション）は、経験を元にした感覚に頼る部分。それをノンネイティブである我々に教示してくれるのがこの辞典です。高価ですがその価値あり。

『オックスフォード英語コロケーション辞典』 (小学館)

英和活用大辞典に比べて非常に安価ですが、使い勝手はとてもいいです。英作文の際にはこれを使ってコロケーションの確認をし、より自然な英文を作る訓練を。

『オックスフォード類語辞典』 (Oxford University Press)

正式名称は Oxford Learner's Thesaurus。英語学習者用の類語辞典です。似ているけれど、微妙に意味と使い方が異なることばたちを丹念に解説した辞書です。リーディングを超えて英語を書き、話す人には必携。

『精選版日本国語大辞典』 (小学館)

国語辞典の最高峰、いわゆる「ニッコク」です。英語学習者が疎かにしがちな日本語能力。母語だからといって知ったつもりになってはいけません。気になる表現、使ってよいのか躊躇する表現は必ず辞書を引きましょう。

📖 認知言語学関連

『言語学の教室』 西村義樹　野矢茂樹 （中公新書）

日本における認知言語学のトップランナーのお一人、西村先生が、哲学者の野矢先生と対談形式で認知言語学を解説。西村先生が普段の日本語を例に認知言語学とは何かを紐解き、野矢先生が哲学の立場から率直な質問をぶつけます。

『ことばと思考』 今井むつみ （岩波新書）

認知心理学の立場から人間が言語を通して世界をどう捉えているのかをつまびらかにする名著。私の「可算不可算名詞」に対する見方が開けたのは、今井先生の講義を拝聴したことがきっかけでした。新刊の『英語独習法』も話題。

著者紹介

時吉 秀弥（ときよし・ひでや）

（株）スタディーハッカーコンテンツ開発室シニアリサーチャー。神戸市外国語大学英米語学科卒。米国チューレン大学で国際政治を学んだ後、帰国。ラジオパーソナリティという特殊な経歴を経つつ、20年以上にわたって予備校で英語も教えてきた。英語を教える中で独自の英文法観を築きつつあった頃、それが認知言語学に通じるものだと知り、東京言語研究所に入所、池上嘉彦東京大学名誉教授、西村義樹東京大学准教授（当時。現教授）、尾上圭介東京大学教授（当時。現名誉教授）、上野善道東京大学名誉教授らのもとで認知言語学、日本語文法、音声学などを学ぶ。2010年同所で理論言語学賞を受賞。認知言語学に基づき英文法を解説したブログ「時吉秀弥の英文法最終回答」が、英語学習者から多くの支持を集める。舞台やラジオで実践的に培った「人に話を聞いてもらうとはどういうことか」の追求と、認知言語学の知見に基づく英文法の教授法を融合させ、日本人が「人を説得できる」英語を話すための方法論を開発する日々を送る。著書に『英文法の鬼100則』『英熟語の鬼100則』（共に明日香出版社）がある。

言いたいことが100%伝わる！

英文法の極意
—認知言語学に基づく英文理解と説得のための英語—

2021年3月25日　初版　第1刷発行

著者	時吉秀弥
発行者	天谷修身
発行	株式会社アスク出版
	〒162-8558　東京都新宿区下宮比町2-6
	TEL: 03-3267-6864　FAX: 03-3267-6867
	URL: https://www.ask-books.com/
デザイン	岡崎裕樹（アスク出版）
イラスト	ヨギ トモコ
英文校正	マルコム・ヘンドリックス
編集	川田直樹
印刷・製本	株式会社光邦

ISBN: 978-4-86639-378-0　©Hideya Tokiyoshi, Printed in Japan